教育部卓越幼儿园教师培养计划资助项目

瑞吉欧幼儿教育精选译丛

意大利瑞吉欧儿童中心 著
王 丽 郭楠楠 译

图形·话语·材料
的马赛克

MOSAIC
MARKS
WORDS
MATERIAL

南京师范大学出版社

图书在版编目（CIP）数据

图形·话语·材料的马赛克 / 意大利瑞吉欧儿童中心著；王丽，郭楠楠译. -- 南京：南京师范大学出版社，2022.11

（瑞吉欧幼儿教育精选译丛）

书名原文：Mosaic of Marks Words Material

ISBN 978-7-5651-5083-8

Ⅰ.①图… Ⅱ.①意… ②王… ③郭… Ⅲ.①幼儿教育学 Ⅳ.①G610

中国版本图书馆CIP数据核字（2022）第005162号

The translation is an authorized translation and the Work originally published in Italian and in English in Year 2015 by REGGIO CHILDREN s. r. l. - Centro Internazionale per la difesa e la promozione dei diritti e delle potenzialità dei bambini e delle bambine - International Center for the defence and promotion of the rights and potential of all children-Reggio Emilia, Italia under the title of "Mosaic of Marks Words Material". © Preschools and Infant-toddler Centres - Istituzione of the Municipality of Reggio Emilia and Reggio Children www.reggiochildren.it

All rights reserved.

No part of this book may be reproduced or transmitted in any form without prior written authorization. CHINESE SIMPLIFIED language edition published by NANJING NORMAL UNIVERSITY PRESS copyright © 2022.

本书是经授权的翻译作品。英文原版于2015年由意大利瑞吉欧儿童中心出版，书名为"Mosaic of Marks Words Material"。版权所有者为瑞吉欧·艾米利亚市幼儿园和婴幼园学会、瑞吉欧儿童中心。

地址：s.r.l.,Reggio Emilia, Italy

网址：www.reggiochildren.it

未经本书面许可不得以任何形式对本书任何内容进行复制和传播。

本书简体中文版由南京师范大学出版社在中国大陆地区出版发行。

版权合同登记号　图字10-2018-432

丛 书 名	瑞吉欧幼儿教育精选译丛
书　　名	图形·话语·材料的马赛克
作　　者	意大利瑞吉欧儿童中心
译　　者	王　丽　郭楠楠
丛书策划	万　斌　张泽芳
责任编辑	张泽芳
出版发行	南京师范大学出版社
地　　址	江苏省南京市玄武区后宰门西村9号（邮编：210016）
电　　话	（025）83598919（总编办）83598412（营销部）83598312（邮购部）
网　　址	http://press.njnu.edu.cn
电子信箱	nspzbb@njnu.edu.cn
印　　刷	江苏凤凰新华印务集团有限公司
开　　本	787毫米×960毫米　1/16
印　　张	10
字　　数	143千
版　　次	2022年11月第1版　2022年11月第1次印刷
书　　号	ISBN 978-7-5651-5083-8
定　　价	45.00元
出 版 人	张志刚

南京师大版图书若有印装问题请与销售商调换

版权所有　侵犯必究

在现实与可能之间编织未来

保拉·卡利亚里　克劳迪娅·乔迪奇

向全世界言明孩子们的无限潜能、他们质疑与探究的能力,以及在积极、自然的过程中共同构建知识的能力,一直是展览的首要目的。(洛里斯·马拉古奇)

从瑞吉欧·艾米利亚婴幼园和幼儿园的教育历程来看,他们一直围绕着"早期儿童服务机构的日常生活中到底发生了什么"这一相关议题,在瑞吉欧·艾米利亚、意大利乃至国际层面(通过展览、研讨会和会议报告、出版物等形式),探寻公共沟通形式和方法的更新。

正如洛里斯·马拉古奇所坚持的那样,这基于一种信念,即只有通过所开展工作的具体证明以及社区的参与,我们才能进行批判性的反思、交流,获得童年文化的自身演进。一个展览及其目录是"一个未完成的故事,既期待更广阔的空间进行反思,又需要将不同观念进行比较。这个故事以理论、实践和意味深长的结果这三者之间的相互关系为线索发展,三要素反复出现并不断被重新审视。这些富有表现力的发现基于一种图景:一个孩子和一个成人共同工作,以发展他们各自用于学习、知识建构和创造力发掘的工具。这一切都发生在社会与文化互动的网络中"。[1]

---

[1] Loris Malaguzzi as quoted in *Rechild* n. 5/October 2001, p. 2.

这些交流形式与策略的目的是促进(人们)对儿童文化和儿童权利的认可,塑造不一样的童年形象,并围绕在婴幼园和幼儿园日常生活中获得的认知建立对话,使之成为教育资源。寻求这些不同的交流方式,其目的在于为人们渴望对话的需求创造时空,并确保不同文化和不同观点能够参与其中。这些都是瑞吉欧·艾米利亚教育经验中至关重要的元素。瑞吉欧一直以来都专注于教师的专业发展以及与家长之间的关系。这里的家长不仅仅指那些在婴幼园和幼儿园上学的孩子们的家长,且更广泛地包括了整个社区中的家长群体。

这么做的目的是围绕教育经验建立广泛的讨论圈,积极吸引瑞吉欧·艾米利亚、意大利以及全世界的教师、家长、研究者、教育学者参与其中。

对话、交流、比较和倾听不同观点,始终是在教学实践、教师教育和专业发展、家庭参与以及与整个城市之间的关系等所有层面上构建教育经验的主要手段与策略。这是一个由多方努力,在持续的互动、评估和严谨的批判性分析中,日复一日逐步构建的项目。

"图形·话语·材料的马赛克"这一展览及其目录是这个过程的一部分,它见证了不断寻求在教育、教学、组织、管理、政治等方面进行选择的教育经验,以实现在飞速变化的社会文化背景中进行项目更新,而非因循守旧。这种独特的教育经验已积累了几十年,经历"错误、过度、缺陷、修正和更新……在某种程度上对于满足一种新型关系的需求是必要的。随着我们的城市、学校、家庭和儿童的政治和文化性质变化,我们与社会的新型关系也不断发生变化"[①]。

[①] Loris Malaguzzi as quoted in *Rechild* n. 5/October 2001, p. 6.

展览及其目录作为一种传播方式，能够使这些经验清晰可见，也可以作为发展我们经验的专业工具，成为评估我们教育项目的理论参考，并通过婴幼园和幼儿园中一些最具创新性的经验来阐述这些理论。对于经验本身而言，展览及其目录保证了不同见解和知识之间的交流，对于生成以学习者、成人、儿童三者之间的对话为特征的后续语境至关重要。

展览及其目录是使孩子们"被看见"的背景和工具，赋予他们享受优质教育、与同龄人相伴、自由表达自己的权利。让孩子们"被看见"，让他们的智慧和能力"看得见"，旨在肯定他们是当今社会中赋有表达权利的公民，他们有权利在所有方面被倾听、被珍视，有权利发展任何他们自己所需要的能力，以成为自己未来的主人和建设者。

随着时间的流逝，这种对可见性的追寻已经转变成了瑞吉欧·艾米利亚城市中孩子们的存在痕迹。当学校为他们提供有价值和有意义的环境时，当社会认识到他们能够通过百种语言、使用多种方式学习时，他们的作品和想法向社区宣告了儿童创造文化的能力。[①] 正如洛里斯·马拉古奇所肯定的那样："孩子们有一百种语言，这一百种语言他们都想使用……这就是为什么孩子们要求我们成为他们的盟友，以抵抗敌对的压力，捍卫自由创造的空间。这些空间最终也是喜悦、信任和团结的空间。"[②]

"图形·话语·材料的马赛克"——一个恰当的展览名称，慷慨地为参观者提供了一些信息，给予这种联合确证一个合理的面貌，并记录了这一知识的获取方法，即通过语言、话语与图像、叙述与绘画的交织，帮助建构更广泛的含义，从而产生更深远的意义。

---

① 当提到"语言"时，我们指的是儿童（以及人类）通过不同媒介和符号系统，表现、交流和表达自身想法的不同方式。
② Loris Malaguzzi as quoted in *Rechild* n. 5/October, p. 3.

诉诸视觉的图形、话语与材料，可供阅读、观看、聆听和触摸。

"这些展览反映了其产生和扎根的经验，但同时，它们以可能的和令人向往的方式，展示了什么是真实。"（洛里斯·马拉古奇）

我们将继续通过坚定乐观的工作来展望未来。

"马赛克"里的诗性智慧

——读懂儿童的瑞吉欧方法

王丽　南京师范大学学前教育系

2017年5月,在瑞吉欧的洛里斯·马拉古奇国际交流中心,这本《图形·话语·材料的马赛克》是我从书架上取下的第一本书。"图形""话语""材料"这些关键词,以及"马赛克"方法的儿童视角与综合意蕴,瞬间吸引了我。阅读过程中,我愈发感觉有将这本书介绍到国内的必要。在理念层面,全面深入地理解幼儿独特的学习方式,对幼儿进行科学观察、正确解读、有效支持已经成为我国幼儿教师专业发展的重要向度。而在实践层面,在教育情境中真正实现理念上业已达成的共识,却还有很长的路需要去探索。无论对于深化理念,还是推动实践,这本小书均能给我们带来诸多启发。

一、"马赛克"蕴含的瑞吉欧理念

瑞吉欧一直致力于对"儿童的百种语言"的探索和实践。"百种语言"确证了儿童有能力以自己的多样化方式表达自己的观点。瑞吉欧的儿童立场以及通过"儿童的百种语言""倾听"儿童的研究性实践,推动了被诸多学者用以研究儿童的马赛克方法的形成与传播。

众所周知,"儿童的百种语言"这一隐喻强调的不仅仅是幼儿学习方式的多样性和丰富性,更是不同语言之间的关联性和整体性。在本书中,我们可以看到一个具有瑞吉欧特色的研究项目所关注的重点。幼儿通过自己的方式与各种各样的绘画工具和材料进行探究式的对话,这是幼儿"倾听"媒材的过程。随之，或偶然或有意的图形出现在不同质地的材料表面，并伴随着幼儿的口头讲述，只言片语或奇幻故事流淌而出……在这一过程中，绘画与口语讲述这两种不同的语言相互拥抱、交织，幼儿的感性与理性、头脑与身体紧密结合。他们在空间、形状、色彩、肌理、节奏、声音等等丰富的形式中沉浸，演绎出精彩的故事，通过自主又充满无限可能性的诠释，游戏于现实与虚拟之间，最大限度地连接、转换、扩展着经验，绵延着精神空间。幼儿绘画的意义不仅仅在于留下了作为结果的图像，更在于幼儿与材料对话过程中获得的多维经验；在于绘画与讲故事等多种语言交织的过程中所创生的无限可能的意义世界；在于绘画成为了幼儿质疑与探究世界的重要方式，它在百种语言之间建立桥梁，使儿童的经验得以更深远、更广泛地生长……

显然，参与该项目的教师们在研究幼儿行为时，更加注重"联系"，而非知识领域的"分离"。为了克服机械性的"割裂"，教师们在不遗余力地细化对幼儿活动过程的观察、分析和解读，力求在过程中，呵护并激活幼儿与外部世界、内心世界之间丰富多彩的各种联结。这种丰富性足以使成人在研究幼儿、与幼儿互动的过程中抱有敬畏之心。也因此，书中明确提醒所有人：观看和品味这个展览，我们需要运用自己的诗性思维。

"诗性"将我们带入到一种"美学维度"。这个展览所展示给我们的是一种运用美学所饱含的关系、联结、情感、自由、想象、表现力等等基因去克服"分裂"和"排斥"的实践。这种实践守护并促进着幼儿认识世界的、自然的、整体的思维策略。感性与理性的携手、认识与想象的共进，这是构建完整知识的基本方式。幼儿对意义的渴望、强烈的好奇心、敏感的同情心、无边无际的想象……这一切都成为幼儿学习的动力源，牵引着他们与事物之间建立复杂又生动的关系。瑞吉欧的教师们通过对儿童的研究，一次次地确证了幼儿建构经验的方式具有综合性、完整性、人性化的特征，也因此，与幼儿之间实现一种"诗性的共振"就成为了教师们"倾听"儿童的重要方式之一。我想，此次展览的核心亦在于此。

二、"马赛克"建构中的瑞吉欧方法

瑞吉欧儿童中心所策划的每一个展览，其背后所呈现的、与理念密切联系的教师行动过程和具体实施方法总是让人印象深刻。"图形·话语·材料的马赛克"这个项目亦是如此。

首先，细致入微的研究，是教师与幼儿互动的前提和基础。

研究，是瑞吉欧教师的日常工作，被视为解释世界复杂性的必要态度和更新教育行为的有力手段。以小点切入，尽力深究，是瑞吉欧的研究项目的重要特点之一。这本书详细呈现了一次调查研究的目的、过程、材料、方法、记录和反思，展现了瑞吉欧教师团队的研究能力。在图文并茂的展览背后，我们看到了教师的问题意识，一系列的问题裹挟着理念，被置于最微观的活动场域中进行调查；我们也看到了教师将系列化的研究问题，更具体化为幼儿对绘画工具的喜好和使用方法、幼儿对支持性材料的选择和更换、绘画工具和支持性材料之间的关系、幼儿口头语言的数量和内容、绘画过程中所有的外显行为、绘画主题重启的类型和内容、幼儿之间的相互影响等等观察记录要点；我们还看到了教师团队对多种绘画媒材属性的全面把握和分析，这是设置幼儿与之互动的原环境的基础；我们更看到了教师运用自己的诗性智慧，努力寻求与幼儿的"同频共振"，支持幼儿自主"倾听"世界的不懈努力……

再者，可视化的展览，是建立教育共同体的重要途径。

瑞吉欧的教育者们始终重视家庭、社区以及城市综合公共系统对教育过程的参与。一个展览，让儿童真实的精神世界得以清晰呈现，也让教师团队的研究议题、操作过程、分析思考变得可见。被看见，是被理解、被重视、最终形成共同体合力的前提。来自婴幼园和幼儿园、家庭、社区、社会其他系统的各种观点围绕着展览的主题彼此相遇，在不断地讨论、争辩、共鸣中，整个瑞吉欧·艾米利亚成为"倾听"儿童的共同体。

通过南京师范大学出版社的努力，这本书即将呈现在中文读者面前。翻译定稿时，我正在美国印第安纳大学教育学院做访问学者，其间也体会到了瑞吉欧的教育理念和方法在全世界持续产生的影响。希望他山之石与我们已有的理念与实践之间碰撞出更多耀眼的火花，使我们更深入地理解儿童的世界。

参与这本书翻译工作的还有我的研究生郭楠楠，现在她已经成为杭州市滨江区东方郡幼儿园的一名充满活力的幼儿园教师，也希望她在未来的实践和研究中，能将从本书中汲取的智慧创造性地运用并深化发展下去。本书的顺利出版，离不开南京师范大学出版社张泽芳编辑的倾心付出，感谢所有为此书出版奉献力量的人。

2020 年 10 月 30 日
于布鲁明顿

目录

I 在现实与可能之间编织未来 保拉·卡利亚里 克劳迪娅·乔迪奇
v "马赛克"里的诗性智慧——读懂儿童的瑞吉欧方法 王丽

003 简介
006 关于绘画工具和辅助材料的建议
008 绘画工具组
010 辅助材料样本集

013 **探索**

023 **敏感性的唤醒**

037 **变奏 1 瓦楞纸板**

045 **变奏 2 气泡膜**

051 **叙述的激活**
052 嘎吱作响的房子
054 萤火虫和龙
056 金色房间的故事

058　　迷宫城市的故事

061　不同的特性
064　　长颈鹿的故事

071　隐藏
072　　在可见与不可见之间
076　　一个短暂的印迹

079　重启
080　　一个可爱的暗室
082　　黑色与白色的友谊
084　　风的效果

087　创造性"意外"
088　　烧焦的树
090　　游走的痕迹（1）
092　　转印
096　　印迹

100	游走的痕迹（2）
102	脱下蓝色裙子的女孩
104	想吃海蒂的黑夜茸毛怪
106	一个失去双腿的女巫的故事
110	大苍蝇和小苍蝇
118	研究和工作笔记
119	图像材料
120	开幕式
122	工作坊
123	绘画与叙事的交织——米雷拉·罗奇

127　诠释与分析

128	进行诠释的前提假设
130	编排——维娅·维奇
133	在婴幼园里绘画——米雷拉·罗奇
136	关于口头语言的札记——蒂安娜·马基尼　保拉·斯特罗奇
138	专业发展的复杂挑战——丹妮拉·兰齐　安娜莉莎·拉博蒂
142	讲述图画：意大利瑞吉欧戏剧节——安东尼娅·蒙蒂塞利

观看和品味这个展览

我们需要运用自己的诗性思维

简介

　　绘画和讲故事意味着想象、分析,以及对空间、形式、颜色、文字、隐喻、情感、节奏和停顿等方面的探索,也意味着进入到一个对自我来说既是内在的又是外部的叙事维度,在现实、虚构与诠释中游戏。

　　虽然绘画和文字是各自独立的语言,但对孩子们来说,文字和故事,无声的或是有声的,几乎总是与绘画携手并进或相互交织,创生为一种智慧的、又常常具有诗意的马赛克。这项调查研究试图尽可能多地、更好地理解这一关系,以恢复绘画、材料、话语和孩子们所生成的认知和表达的丰富性。

　　本书按照文本和作品的顺序来介绍展览内容。

　　我们只在少数案例中加入了简短的解释性评论,因为我们认为过多的评论会侵占儿童作品的空间,并影响读者自己进行诠释的乐趣和实践。而这对能够亲近儿童的成人来说是尤为重要和精彩的。

　　这些评论将作为一种参照,为读者提供进行个性化诠释的要点。

调查研究

该项目有两个目标。第一是进一步研究话语和心理意象在多大程度上滋养了绘画和材料,以及感知觉(视觉、触觉、听觉、身体知觉)又在多大程度上滋养了话语和心理意象。第二但同样重要的是,提高警惕,确保操作工具带给儿童和成人的是高质量的学习、感知觉和想象力,而且在学校的日常生活中不会丢失或缺乏。

对我们而言,模拟环境与数字环境的共存与交织是非常重要的,两者都促进了有趣经验的建构,是进行创造的宝贵媒介。

在进行调查时,为了能够收集和解释数据,需要通过筛选来缩小范围。在工作组(由驻校艺术教师、教师和教育学者组成)会议中,项目目标一经确定,随之提出了为每个婴幼园和幼儿园提供工具和材料(根据不同年龄段有适当的调整)的基本假设,这将产生探索、享受,以及与目标相一致的学习。我们为孩子们提供了配套的材料:可以产生不同痕迹的绘画工具,不同纹理和不同尺寸的纸张及其他材料。这一方案是为儿童的小组活动制订的:2—4名婴幼园儿童为一组,3—6名幼儿园儿童为一组。

由于每种绘画工具都有自己的痕迹特征。这些痕迹特征在绘画工具、支持性材料、创作者的探索与表达意图的相互作用下,通过不同方式被感受和再构。我们为孩子们提供了三组不同但又紧密联系的绘画材料。由于环境本身被认为是具有生成性的,我们还讨论了一些看似无关紧要的细节,例如桌面的颜色(不得干扰感知),材料和绘画工具的摆放(放在一个容器里或摊在桌上),绘画工具和材料的数量与质量,以及其他类似的注意事项。

我们提出了各种各样的假设,因为我们意识到这些方面以及其他一些因素,可能会影响到对环境非常敏感的孩子的选择。

在向孩子们发起这个活动之前,我们教师自己尝试使用了一些绘画工具和辅助材料,"倾听"并试图去理解这些工具和材料的可能性。这是我们工作方式的核心部分,是值得养成的好习惯,也是既有趣又有益的练习,这能够使我们的感知变得更加敏锐,并促进我们去理解儿童的行为。同时它也强调了教师对自己的期望、对最初的思想和观念的调整能力会怎样影响对儿童的活动的观察。

基于对观察与记录的基本价值的认识，我们确定了一些观察要点，尽管我们始终对后续的修改、重组持开放态度。

绘画工具和支持性材料之间建立了什么样的关系？孩子们对图形的探索是否伴随着言语？言语和绘画是如何交织在一起的？孩子们在绘画的时候会谈论他们在做什么吗？他们以何种方式讨论？说话、模仿、声调，还是手势？我们如何描述这些伴随着图形的话语？是描述性的、隐喻的、暗示的，还是幽默的？孩子们之间建立了什么关系？等等。

成人工作组开会讨论工作如何进展。这些时刻对于丰富文化与社会来说是极其有益且必不可少的。之后我们确定了公开交流作品的形式，这一形式必须与项目主题相协调：因为感知是儿童作品的重要媒介，所以我们想要通过原始作品来进行交流。因此，我们决定用孩子们的原创作品、教师观察记录和文献资料，以及观众可以直接探索感知与想象的工作坊来创办展览。

提前设想交流的形式与方法可以帮助我们更好地选择观察与记录的工具。与他人交流的需要也细化了我们对过程的倾听，促进了概念的生成和最终总结的出现。

第一组：
黑、灰、白三色铅笔（不同硬度）
大号彩色铅笔
白色、黑色和彩色水性马克笔

第二组：
油画棒
荧光马克笔（不同颜色的荧光笔）
彩色马克笔（笔尖细而宽）
高彩颜料盘

第三组：
金银马克笔（粗细不同的笔尖）
黑色和红色蜡笔
带特殊绘画工具的颜料盘

我们邀请孩子们尝试将绘画工具与不同质地的纸张进行匹配。每个材料组至少被尝试两次。教师和驻校艺术教师聆听并记录他们的感知、印象、探索方法、话语、故事以及孩子们与同伴之间的关系。

关于绘画工具和辅助材料的建议

绘画工具组

1

2

3

辅助材料样本集

金属纸

黑色瓦楞纸

透明胶片

气泡膜

石头

牛皮纸

白麻纸

草纸

光滑的黑色纸板

吸墨纸

白色瓦楞纸

探索

所有的孩子，根据不同的年龄，好奇、投入又充满乐趣地选择并探索了可供他们使用的材料。

他们使用了不同的方法：有时，一个特定的细节显得更为重要——"这里的标记碎掉了"；有时，他们与知识的关系变得更加明晰——"在看不见的纸上，我们做着你看不见的事情，就像空气，你看不见但可以感觉到它"；另一些时候，动作产生的结果引人注目——"一支马克笔慢慢地画，留下了一条柔软的痕迹"。

{探索}

　　口头语言倾向于赋予事物同一性和意义,因此常常具有很强的类比性。

细细的笔尖留下了一条瘦瘦的痕迹。

格丽塔,2岁8个月

细细的笔尖留下了一条瘦瘦的痕迹

作者:格丽塔,2岁8个月

尺寸:50.8厘米×14厘米

媒材:在丝质纸上使用银色水性马克笔和大号铅笔

{探索

即使是最小的孩子，也会兴趣盎然，专注地去探索材料，满怀期待地面对充满惊奇的未知和意外。从"不行，不行"这句话中，我们感受到的不是一种不可能，而是孩子捕捉到不同绘画工具可以留下不同痕迹的能力，以及用语言来表达自己所遇"障碍"的倾向。

无题

作者：罗莎·卡玛，1 岁 8 个月

尺寸：37 厘米×7.5 厘米

媒材：在草纸上使用水性马克笔和铅笔

不行……不行……不行！

罗莎·卡玛，1岁8个月

{探索}

　　就像印迹和颜色在纸上转变为其他东西一样，手上意外形成的彩色斑点也成了创意的元素，伴随着夸张生动的语调和手势，转化成了一种"危险"的存在——"我是一只怪兽"。

　　它提供了一种可能的途径，让孩子们进入强有力的象征游戏——"如果……"打开了可以在主体间性中无限拓展意义的想象和语言的世界。

　　一只怪兽……一只我正在关进笼子里的怪兽。

　　我合上手指的话，怪兽就离开了，消失了。然后如果我把手打开，它就回来了……

哦……我是一只怪兽。
安德里亚，2岁10个月

一只怪兽

作者：安德里亚，2岁10个月

尺寸：35厘米×5厘米

媒材：在丝质纸上使用马克笔

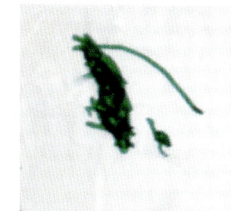

{ 探索

　　孩子们初步探索了不同的绘画工具,对其留下的痕迹进行解释并将它们转化为图形的组合,这些图形组合充满了整个画面。孩子们探索了其表现力和表现形式的可能性。

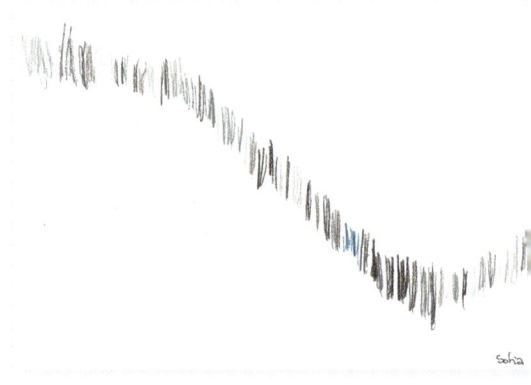

　　这是一个轮廓:我换了所有的颜色去画它。它是这里所有的马克笔组成的边框,一排不同的小点点。

弗朗西斯科,4岁11个月

无题
作者:弗朗西斯科,4岁11个月
尺寸:28厘米×13.7厘米
媒材:在光滑的纸上使用马克笔

无题
作者:苏菲亚,4岁10个月
尺寸:23厘米×14.9厘米
媒材:在粗糙的硬纸板上使用彩色蜡笔

 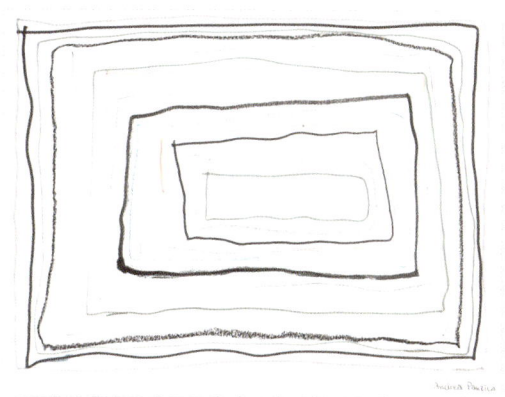

我做了一个由黑色和灰色组成的边框,所有的部分都不一样。这些都是画得小小的点点。

爱丽丝,4岁3个月

我在里面画了一些方形:一个套一个,每个都是不同的。我先从中间开始,然后在它外面画了一个,然后又画了一个,最后把它全填满了。这也是一个环形圈,因为纸上到处都是圈圈。

安德里亚,4岁8个月

无题
作者:爱丽丝,4岁3个月
尺寸:29.7厘米×21厘米
媒材:在白纸上使用马克笔、油画棒和炭笔

无题
作者:安德里亚,4岁8个月
尺寸:29.7厘米×21厘米
媒材:在白纸上使用马克笔、油画棒和炭笔

敏感性的唤醒

一张纸，几件绘画工具，几种色彩，哪怕仅仅是几抹印迹，这些材料是孩子们创造由感知、心理与声音暗示构成的马赛克所需的基本元素。

{ 敏感性的唤醒 }

孩子们不仅对自己的手势、留下的痕迹乐在其中,而且对自己的话语也很欣喜。他们尝试着,重复着,寻求和谐。迭戈被纸上柔和的色彩所吸引,说道:"这个故事有点微妙。"

让我们看看它是怎么画出来的……这是一个非常特别的痕迹,这个故事有点微妙。

迭戈,3岁6个月

无题

作者：迭戈，3 岁 6 个月

尺寸：33.8 厘米×25.4 厘米

媒材：在塑料包装纸上使用油画棒和马克笔

{敏感性的唤醒

当孩子们表达自己时，即使只用一个字，也使我们瞥见了他们的思维在高速运转中不断地精致起来。阿米娜惊呼："狗！"她随着自己时轻时重的笔迹，一遍遍地用忽高忽低的声音叫着。狗的图像仿佛是一次"声音创作"：阿米娜沉浸在想象中，她的声音起起落落，声调伴随着画笔的印迹，表现出无数的狗狗们所展现的特性。

狗（轻声说）

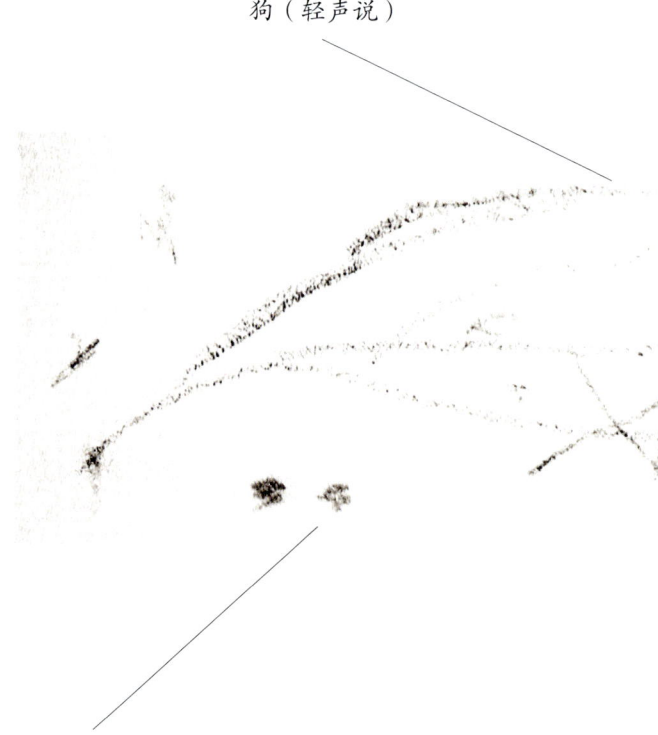

狗（悄声说）

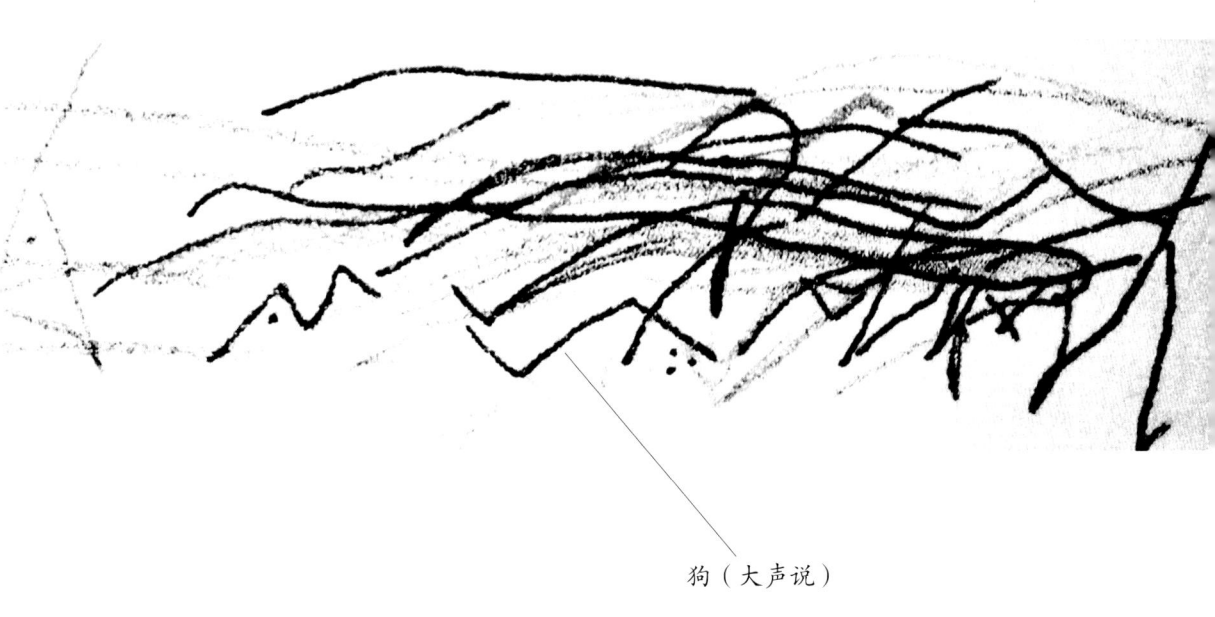

狗（大声说）

无题

作者：阿米娜，2岁5个月

尺寸：49.5厘米×10.2厘米

媒材：在亚麻卡纸上使用铅笔、水性马克笔和油性马克笔

{ 敏感性的唤醒

你从窗户上看到的是火……它们是火。

维奥拉，2岁8个月

火

作者：维奥拉，2岁8个月

尺寸：29.6厘米×10.7厘米

媒材：在描图纸上使用大号铅笔

火精灵

作者：迭戈，3岁8个月

尺寸：14.8厘米×21厘米

媒材：在牛皮纸上使用红色蜡笔

{ 敏感性的唤醒

吃颜色的割草机

作者：菲利波，4 岁 7 个月

尺寸：29.7 厘米 × 21 厘米

媒材：在白纸上使用马克笔

我想画一个钻孔机,因为我长大以后想成为一名机械师。我需要一张柔软的纸,一张可以打洞的薄薄的纸。钻孔机是金属做的,所以我需要银色……

马蒂亚,4岁6个月

钻孔机

作者:马蒂亚,4岁6个月

尺寸:29.5厘米×20.9厘米

媒材:在大理石花纹纸上使用水性马克笔、银色马克笔和大号铅笔

{ 敏感性的唤醒

孩子们对绘画工具所产生的不同痕迹很敏感，他们在尝试制造这些痕迹时，会用富有表现力的方式来进行解释。如果孩子们能够在支持这一自然天性的环境中成长，那么这种对痕迹的敏感性就会随着时间的推移而不断提升。

对卢卡来说，这两朵花中有一朵是真的，是用"很好写的马克笔"画的；而另一朵是假的，因为它是用"颜色很浅的彩色铅笔"画的。

一幅花卉画：一朵是真的，一朵是假的……彩色铅笔画画的痕迹很浅。

卢卡，4岁8个月

真花·假花

作者：卢卡，4岁8个月

尺寸：31厘米×25.3厘米

媒材：在卡纸上使用彩色铅笔和马克笔

为了画我的小鸟,我挑选了一张像我的裤子一样柔软的"纸"。

纳迪亚,5岁9个月

我的小鸟

作者:纳迪亚,5岁9个月

尺寸:14厘米×23厘米

媒材:在无纺布上使用大号铅笔和金色、银色马克笔

{ 敏感性的唤醒

我画的是一片起了一点点雾的森林。我可以用炭笔这样整个轻轻地涂一层,很阴凉!

莎拉,4岁3个月

阴凉的森林

作者:莎拉,4岁3个月

尺寸:29.3厘米×41.6厘米

媒材:在牛皮纸上使用红色蜡笔和黑色钢笔

纸是黑色的,因为是在晚上,树也是黑色的!晚上,灯都熄灭了,睡着了……

维托里奥,4 岁

夜晚的森林

作者:维托里奥,4 岁

尺寸:41.5 厘米×29.5 厘米

媒材:在丝质纸上使用黑色墨水

变奏 1　瓦楞纸板

这种支持性材料具有非常强烈的形式特征,能够在触觉和听觉感知、心理意象、语言表达和文字交替游戏等方面接收和产生多种变化,并相互促进。

{变奏1}

瓦楞纸板

因其声音,这种硬纸板被孩子们称为"咔嘀"(catty,意为"猫的",此处为音译),它的一些粗糙的特征转移到了图像表现力上。

它也是一种"咔嘀"!它发出的声音就像猫磨爪子的声音。

盖亚,2岁11个月

盖亚,看看我的猫……脸,头……现在我在做眼睛……像我的狗一样的大耳朵……长长的尾巴……很多爪子。

费德里科,2岁10个月

盖亚选择了一块柔软的布,她说:我在画一只睡在软垫子上的猫。

盖亚,2岁11个月

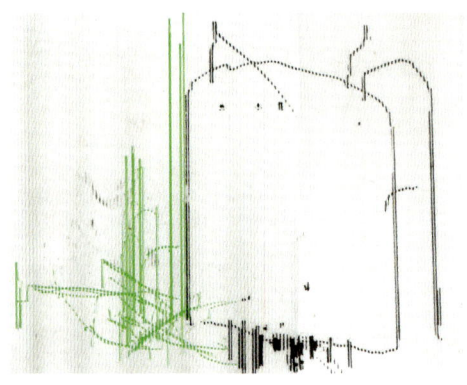

猫

作者:费德里科,2岁10个月

尺寸:42厘米×35厘米

媒材:在瓦楞纸板上使用荧光马克笔和水性马克笔

睡在软垫上的猫

作者:盖亚,2岁11个月

尺寸:29厘米×22.5厘米

媒材:在布面上使用马克笔

线

作者：伊凡，4岁9个月

尺寸：22.5厘米×22.1厘米

媒材：在瓦楞纸板上使用荧光马克笔

睡觉的线

作者：伊凡，4岁9个月

尺寸：22.1厘米×22.5厘米

媒材：在瓦楞纸板上使用荧光马克笔

{变奏1}

这是彩虹。

罗雷娜，3岁10个月

彩虹

作者：罗雷娜，3岁10个月

尺寸：31.3厘米×18.5厘米

媒材：在瓦楞纸板上使用荧光马克笔和水性马克笔

……在能演奏音乐的纸上。

亚历山德罗,4岁

无题

作者:亚历山德罗,4岁

尺寸:19.5厘米×18厘米

媒材:在瓦楞纸板上使用油画棒

{变奏 1}

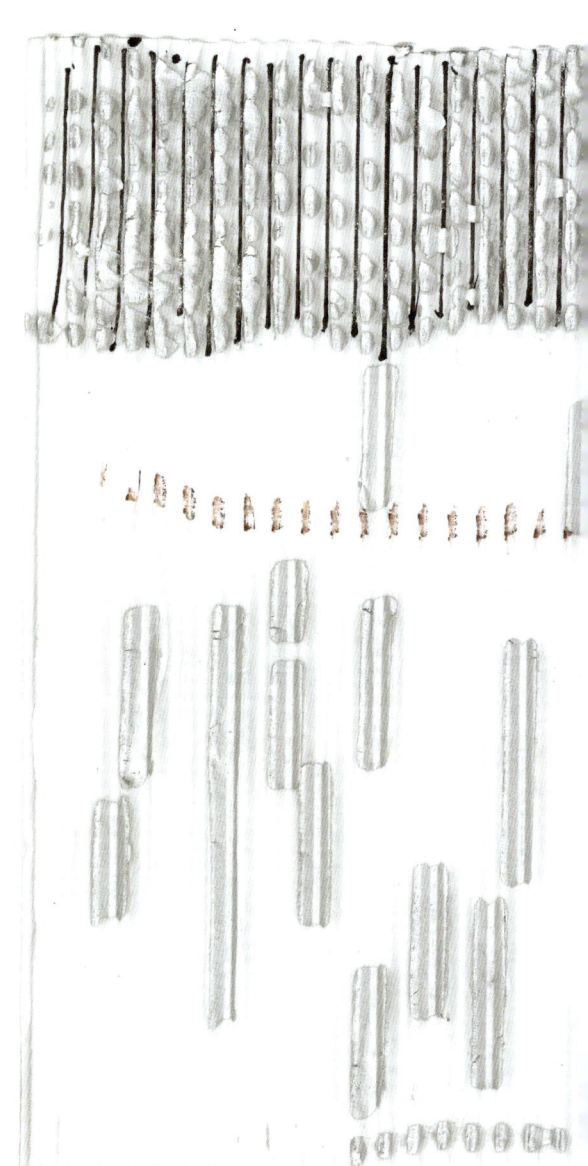

它是一团云变成了雨

作者：萨玛，5 岁 5 个月

尺寸：29 厘米 × 18.7 厘米

媒材：在瓦楞纸板上使用银色和黑色马克笔

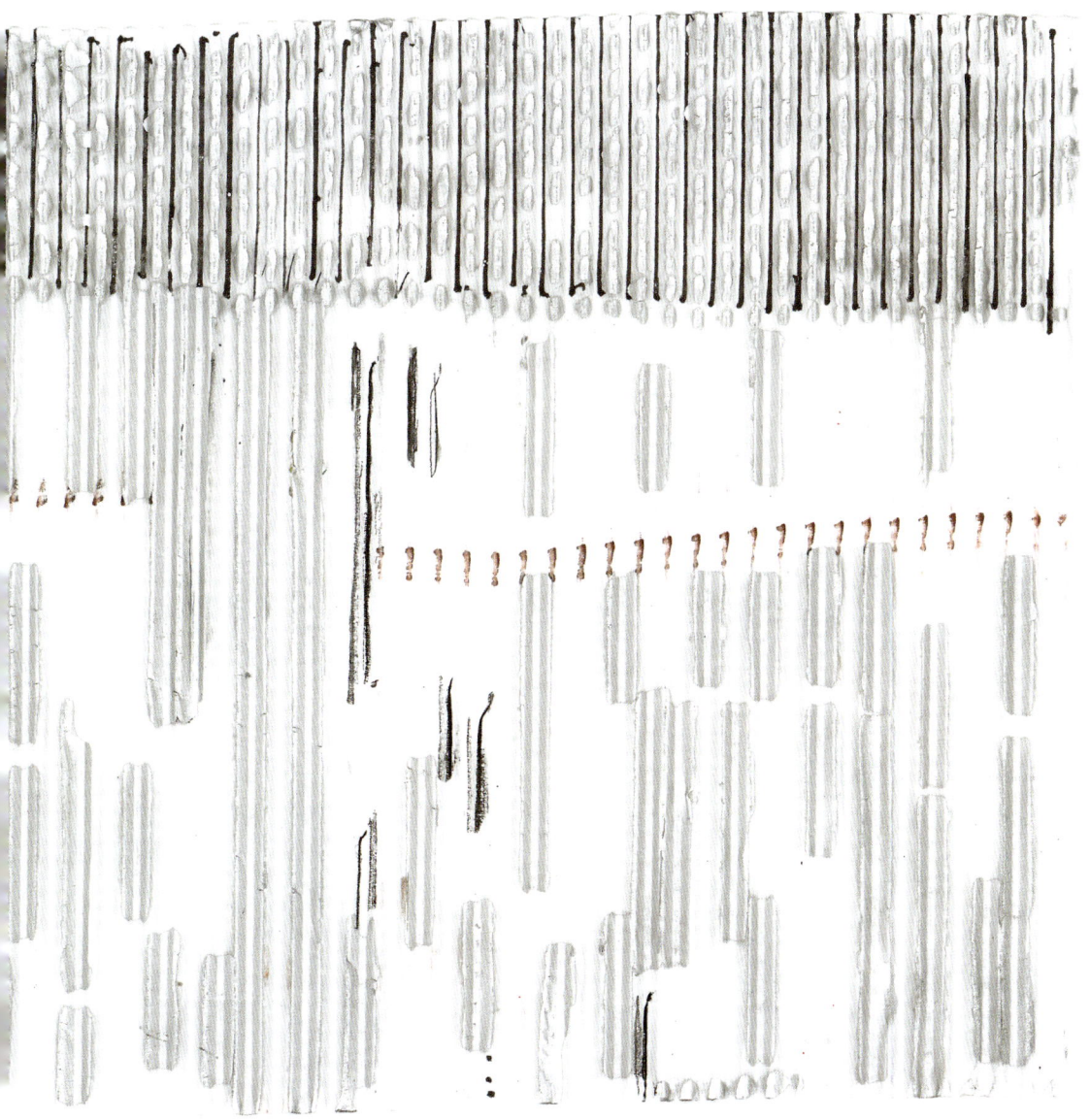

变奏 2 气泡膜

挤压气泡膜时充满趣味的惊喜和爆裂声吸引着孩子们。

像瓦楞纸板一样,接下来对气泡膜的探索和实验过程也在想象、图形、声音和语言等方面产生了许许多多变化。

{变奏2

气泡膜

它是由点点组成的,还会爆炸。

克莱萨,3岁6个月

你摸摸它。

纳斯林,3岁11个月

像小宝宝一样。

克莱萨,3岁6个月

它们会爆炸。

洛伦佐，4岁5个月

我在做一些红色的炸弹。

萨穆埃莱，4岁6个月

我在做黑色的炸弹。

洛伦佐，4岁5个月

我把炸弹做成各种颜色，洛伦佐把它们做成黑色。它们是海盗炸弹。

萨穆埃莱，4岁6个月

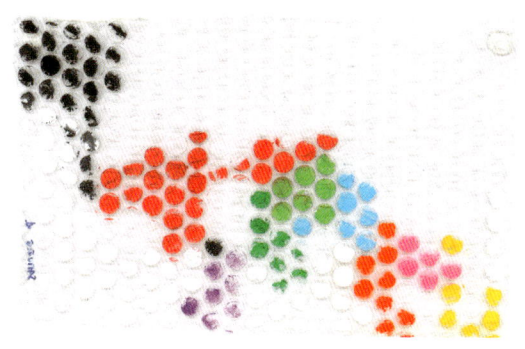

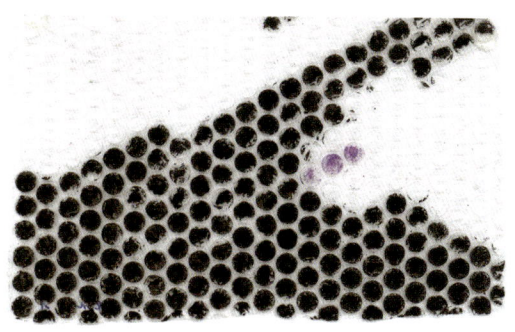

爆炸了的炸弹

作者：萨穆埃莱，4岁6个月

尺寸：23.4厘米×15厘米

媒材：在气泡膜上使用水性马克笔

这个正在变成一艘船

作者：洛伦佐，4岁5个月

尺寸：23.1厘米×14.3厘米

媒材：在气泡膜上使用水性马克笔

{变奏2}

女孩们重点关注的是气泡膜的图案。她们用颜色来诠释它,并把气泡膜分成两半。也许是因为偶然,或者是因为给背面着色的任务被打断了,气泡膜的一面充满了彩色和黑色的泡泡,而另一面只有几个黑色的泡泡。

伊曼努埃拉研究了背面的颜色,做出了解释。她做出合上书页的手势,然后重新打开到垂直角度来"阅读"它:"如果我把它合上,它就变成了一本书。"创编故事的想象力和与故事相关的话语融为一体,三个朋友之间迅速建立的相互理解是非同寻常的——他们轮流提供句子,构成了故事的情节。

梅里姆把画翻转过来,把后续的故事抛还给她的朋友:"如果我把这幅画翻转过来,就变成另一个故事了。"

也就是说,同一幅画讲述了不同的故事,这一次主角变成了两个黑色的球。又一个从多种角度讲述的栩栩如生的故事诞生了。

如果我把它合上,它就变成了一本书。

伊曼努埃拉,4岁6个月

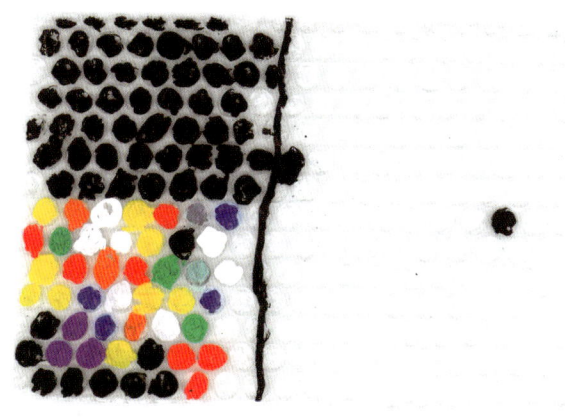

很久很久以前,有一些彩球滚到了街上。

伊娃,4岁3个月

它们必须在人行道上滚动,不然就会被压扁。

梅里姆,4岁9个月

蒸汽把它们变成了黑色……其中一个离得很远。

伊娃,4岁3个月

如果我把它翻转过来,那就是另一个故事了。

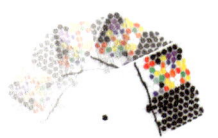

很久很久以前,有两个悲伤的球球。

梅里姆,4岁9个月

它们在树林里迷了路。

丹妮斯,4岁3个月

是风把它们吹进树林的。

梅里姆,4岁9个月

它们想找到回家的路。

丹妮斯,4岁3个月

但是它们不记得路了。

梅里姆,4岁9个月

因为它们把地图拿反了。

伊娃,4岁3个月

无题

作者:伊曼努埃拉,4岁6个月

尺寸:20厘米×14厘米

媒材:在气泡膜上使用水性马克笔

叙述的激活

在一些案例中,对感知的探索孕育出了复杂的故事。

每个故事都有一个起源,想象力在这里被不同的基质点燃,并通过各种关系和参考信息继续发展。

{ 叙述的激活 }

嘎吱作响的房子

听觉是想象力首要的刺激源,这是受到嘎吱作响的纸板表面的启示。手指在瓦楞纸板上划过会产生声音,画下长长的痕迹会被分隔成许多短线,暗示着行走时留下的足迹。

嘎吱作响的房子

作者:丹妮斯,4 岁 3 个月

尺寸:8.3 厘米×30 厘米

媒材:在瓦楞纸板上使用马克笔和铅笔

故事《嘎吱作响的房子》中的画面

发出嘎吱声的是这些脚印,有的大,有的小……它们都在一起。

丹妮斯,4 岁 3 个月

 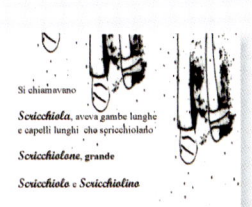 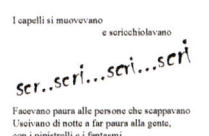

作者:

爱丽丝、香奈儿、丹妮斯、伊娃、洛伦佐和苏拉,

4 岁

{ 叙述的激活 }

萤火虫和龙

在一张透明胶片上的绘画,以及因为一束阳光在桌面上形成的投影,成了激发故事生成的元素并引出了主人公:一只萤火虫,在王子与公主的传统故事中,成了影响故事的创新元素。

桌子上的影子变成了一个真正的故事。

爱丽丝,4 岁 10 个月

萤火虫和龙

作者:杰尼尔,4 岁 11 个月

尺寸:31 厘米 × 22.7 厘米

媒材:在透明胶片上使用水性马克笔

故事《萤火虫和龙》中的画面

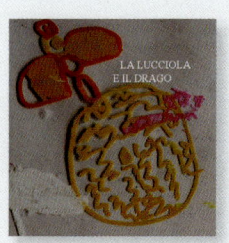

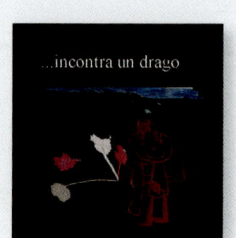

这么大,它变成了一场大型演出!

伊娃,4岁3个月

作者:爱丽丝、伊娃、茱莉亚和杰尼尔,4岁

arriva la LUCCIOLA
ad aiutare il Principe

che brucia la faccia del drago
con la luce del sole
la fa illuminare tantissimo!

Il Principe
con la spada uccide il drago
e va nel castello a sposare
la principessa che era svenuta
perché non le piacciono
　　　　　　i draghi

{ 叙述的激活 }

金色房间的故事

选择的颜色散发着金银光泽，在阳光下闪闪发光的铝箔，与材料紧密结合的口头语言，共同塑造着这样的渴望："我正在建一个全部用金子做的房间。它是我和姐姐的。"

这个作品如此特别，它变成了一个只有孩子们知道的藏身之处，或许它也愿意欢迎那些同样被铝箔的微光所吸引的人们。

我正在建一个全是用金子做的房间。它是我和姐姐的。

爱丽丝，4 岁 10 个月

金色房间的故事

作者：爱丽丝，4 岁 10 个月

尺寸：11 厘米 × 21 厘米

媒材：在瓦楞纸板上使用金银色马克笔

《金色房间的故事》中的画面

金色房间是一个可以躲藏的地方……只有小孩儿知道它在哪儿!

奥罗拉,4岁9个月

无题

作者:奥罗拉,4岁9个月

尺寸:28.3厘米×35厘米

媒材:在金属纸上使用金色水性马克笔

作者:爱丽丝、奥罗拉、卡里姆和梅里姆,4岁

...il bimbo aveva trovato il libro nel suo giardino,
...forse un mago lo aveva dimenticato lì

Aveva un libro magico che lo ha portato
fino alla caverna perché il libro sapeva TUTTO

Era grosso... **grande** peloso e... tutto d'oro e...

dentro c'erano delle scritte magiche

che faceva apparire tutte le cose che volevi

{ 叙述的激活 }

迷宫城市的故事

纸板上的纹理暗示着这是一个城市的街道布局；画在透明胶片上的太阳覆盖在纸板上，可以代表日出或日落时的一个美好的晴天，至于到底是日出还是日落，这取决于透明胶片摆放的方向。与其他透明胶片相叠加，这个故事便愈发迂回曲折。孩子们运用了一种他们在一些书中见过的叙述技巧，他们经常重复使用并重新解释它。

迷宫城市的故事
作者：纳迪亚，5岁9个月
尺寸：29.7厘米×21厘米
媒材：在瓦楞纸板上使用水性马克笔

《迷宫城市的故事》中的画面

艾米丽：如果我们把它拿走，它就是一个没有太阳的城市。夜晚来了……晚上你需要月亮。

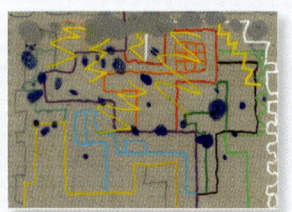

卡洛塔：有时这里会有云。当风暴来临的时候，整个城市都在刮风下雨。如果我们不停地更换城市上空的透明纸，天气也会改变。

纳迪亚：它们是太阳光线留下的痕迹……那个城市越来越热。

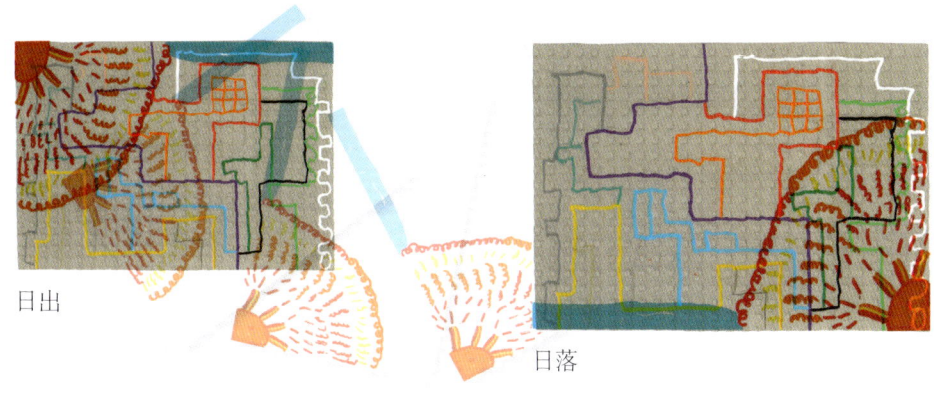

日出

日落

如果太阳在另一边，它就去了另一个城市……

纳迪亚，5岁9个月

当它去到那边时，就形成了日落。

卡米拉，5岁7个月

如果我们把透明纸拿走，它就是一个没有太阳的城市。

艾米丽，5岁9个月

作者：阿里安娜、卡洛塔、克劳迪亚、艾米丽和纳迪亚，5岁

克劳迪亚：就像一个迷宫城……你可能会在里面迷路。

卡洛塔：我想进去探险。

纳迪亚：让我们都进去吧！！！

阿里安娜：不管天气好不好，你都会迷路。

卡洛塔：在这个城市里，这很有可能发生！

卡洛塔：一个男孩被一个巨大的雨滴击中了！

阿里安娜：我被闪电击中了！

阿里安娜：如果我们把宝藏藏在那里，我将来会是那个找到它的人！

卡洛塔：我会把阿里安娜放进宝藏里，把布鲁尼也放进去！

阿里安娜：宝藏会落在戴维的头上！

不同的特性

长颈鹿——一个单一的主题，通过孩子们的绘画表达迅速发展出多种多样的形式，证实了孩子们的兴趣点和敏感度的差异。

孩子们在或粗糙、或光滑、或透明的材料上绘画、调整并修饰着每一个不同的故事，在顶部或者在内部，表现出长颈鹿们或粗糙、或光滑、或奇幻、或漫步的不同特点，有些充满了想象，有些反映着现实。

一个光滑的故事发生在透明纸上
一个粗糙的故事发生在波浪形的纸上
一个碎碎的故事发生在粗糙的纸上

至于黑色的这张……
关于勇气的故事发生在这张黑色的纸上。

亚历山德罗，5岁6个月

{ 不同的特性

长颈鹿的故事

长颈鹿也很毛糙，因为我选了一张粗糙的纸。

阿里安娜，5岁10个月

毛糙的长颈鹿
作者：阿里安娜，5岁10个月
尺寸：29.7厘米×21厘米
媒材：在砂纸上使用油画棒和水性马克笔

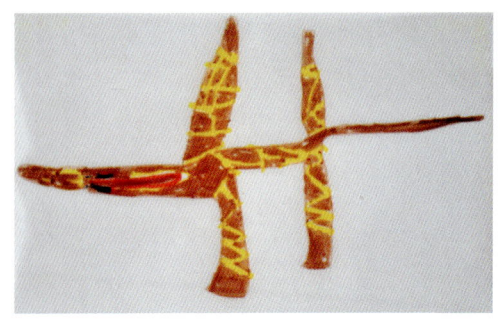

这是一只光滑的长颈鹿，在一个光滑的世界里到处滑动。

阿里安娜，5岁10个月

它都被压扁了：它是一个比萨般的长颈鹿。

亚历山德罗，5岁6个月

压扁的长颈鹿
作者：亚历山德罗，5岁6个月
尺寸：29.7厘米×21厘米
媒材：在描图纸上使用马克笔

两只长颈鹿：一只在这里……如果我把纸翻过来的话，一只就到那边去了！它在到处散步。

克劳迪亚，5岁8个月

无题

作者：克劳迪亚，5岁8个月

尺寸：29.7厘米×21厘米

媒材：在透明胶片上使用不可擦马克笔

它变成了一个幽灵。这里有一只长颈鹿幽灵！！！你的梦想成真啦！

克劳迪亚，5岁8个月

无题

作者：克劳迪亚，5岁8个月

尺寸：29.7厘米×21厘米

媒材：在黑色卡纸上使用金色和银色马克笔

{ 不同的特性

这只长颈鹿在黑暗中。

克劳迪亚，5岁8个月

它必须面对恐惧，因为它也会害怕：每个人都会害怕……

莱昂纳多，5岁4个月

它们在互相交谈……它们的声波频率很低，是一种人几乎察觉不到的声音，它们用这种声波来和动物说话……

亚历山德罗，5岁6个月

无题
作者：克劳迪亚，5岁8个月
尺寸：29.7厘米×21厘米
媒材：在黑色卡纸上使用水性马克笔

无题
作者：纳迪亚，5岁9个月
尺寸：29.7厘米×21厘米
媒材：在透明胶片上使用不可擦马克笔

长颈鹿喜欢聚在一起做事情……它们就像真正的妈妈那样做事……

亚历山德罗，5岁6个月

它们去城里见面，它们可以聊天或玩耍。

亚历山德罗，5岁6个月

如果幸运的话，它们可以见到一些狮子的模型，因为在城里有一些石狮子。

莱昂纳多，5岁4个月

无题

作者：克劳迪亚，5岁8个月

尺寸：29.7厘米×21厘米

媒材：在白纸上使用马克笔

无题

作者：亚历山德罗，5岁6个月

尺寸：29.7厘米×21厘米

媒材：在透明胶片上使用不可擦马克笔

{ 不同的特性

孩子们沉浸在游戏体验中,始终充满了热情。长颈鹿的故事,以及寻找一片广阔的大草原,使长颈鹿们可以互相见面,这一切在孩子们的脑海中逐渐形成。电脑、视频摄像头、投影仪和光电笔,这些工具为故事提供了呈现的可能性。

研究的情境由放置在窗台上的视频摄像头所产生,这创造了一种室内与室外、物体与图像之间的游戏。窗户是连接教室空间和户外空间的分界线,这两种空间也代表着真实与想象、自然与虚拟两个维度。孩子们位于教室门口,可以自如地进入和离开这两个环境,让这两种空间得以交流。他们导演着两个空间里发生的事情:户外空间里用自然材料围绕着摄像头搭成了一个"大草原",他们指导着在"大草原"周围的朋友们该如何行动,为长颈鹿提供食物。这是"神奇的,因为它不是生于大自然"。

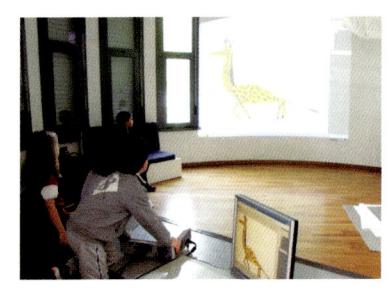

一只神奇的长颈鹿,因为它不是生于大自然。

亚历山德罗,5岁6个月

视频记录中的一些画面

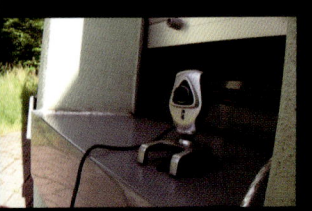

长颈鹿从窗口消失了,它跑到院子里去了。

卡洛塔,6岁

它很瘦,可以挤进任何地方。

亚历山德罗,5岁6个月

隐藏

"隐藏"在可能性的空间中发挥作用：
有些东西就在那里，却又隐藏着，永远不
会完全消失。

{隐藏}

在可见与不可见之间

色彩的对应，如黑色颜料对应在黑色纸上，白色颜料对应在白色纸上，会创造出痕迹被隐藏的效果。孩子们喜爱带着兴趣、乐趣和幽默感去探索，去挑战"看不见"。

它在这里，它在这里！

菲利波，2岁10个月

无题

作者：菲利波，2岁10个月

尺寸：33厘米×24厘米

媒材：在卡纸上使用水性马克笔

颜色会溜走，
因为是黑色涂在黑色上面。

菲利波，2岁10个月

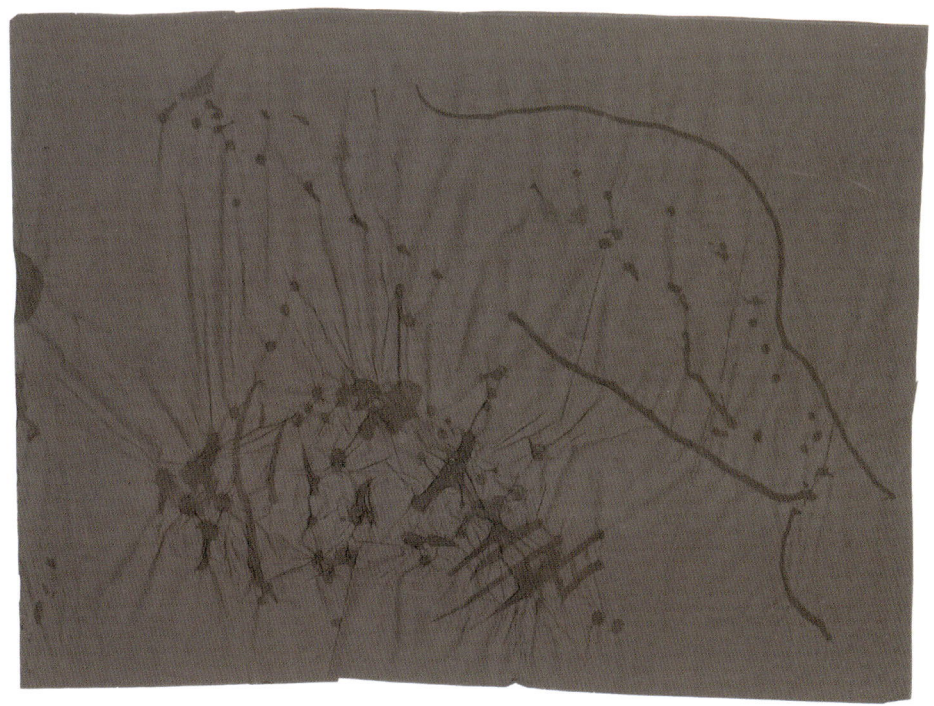

无题

作者：菲利波，2岁10个月

尺寸：29厘米×21厘米

媒材：在丝质纸上使用水性马克笔

{隐藏

我画了我最喜欢的公园！在那里，我完成了，看到了吗？

玛丽莎，3岁6个月

不，我看不见！

莫拉，3岁5个月

因为我跟你开了个玩笑！我用黑色马克笔画在黑色的纸上，现在你再也看不到我的画了！

玛丽莎，3岁6个月

无题

作者：玛丽莎，3岁6个月

尺寸：29.6厘米×20.8厘米

媒材：在黑色卡纸上使用水性马克笔

无题

作者：托马索，4岁9个月

尺寸：21厘米×7.5厘米

媒材：在黑色卡纸上使用马克笔

晚上的时候火车经过，你会看不清楚，因为是晚上。

托马索，4岁9个月

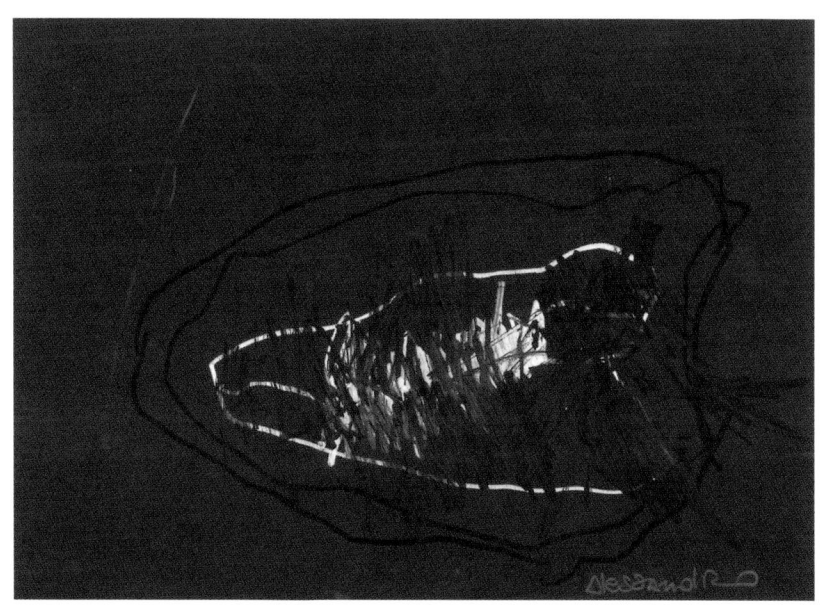

鲸鱼吃掉了整条鱼！

作者：亚历山德罗，3岁2个月

尺寸：20厘米×15厘米

媒材：在黑色卡纸上使用水性马克笔和毡尖马克笔

{隐藏}

一个短暂的印迹

在石头上用水画的痕迹和图案，随着时间的流逝会逐渐被吸收，从而转变形态并可以被描述。故事与图形、时间密切相关，本身就具有流动性和变革性。

蜗牛的故事

三角龙的故事

这只恐龙是三角龙，它正在渐渐消失，因为所有的恐龙都消失了！
卢卡，5岁5个月

不是的，它正躲在灌木丛后面！
詹卢卡，5岁9个月

蜗牛走得真的真的很慢。

詹卢卡，5岁9个月

云的故事

   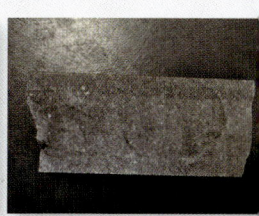

这朵云正在渐渐消失……

卢卡，5岁5个月

不是，它在移动！

詹卢卡，5岁9个月

它要飞向天空……

卢卡，5岁5个月

重启

接下来的几页内容展示了教师如何在儿童的探索中发现他们表达的潜力,并提出建议,将他们所探索的主题重新推荐给其他孩子。

这是一种丰富的关系模式,也是一种接近儿童观点的方式。

{ 重启

一个可爱的暗室

一个可爱的暗室

作者：马尔齐亚，4 岁

尺寸：29.7 厘米 × 21 厘米

媒材：在白纸上使用墨水和炭笔

重启——黑暗也可以被画出来。这是一个迷人又神秘的维度。

教师向一些孩子提议了马尔齐亚的作品所代表的主题,但是从不同的视角:

"如果我们把灯打开会怎么样?"

晚上,太阳藏起来了,它去找月亮了……

马尔齐亚,4岁

这里原来有一幅蓝色的画,但黑色的纸把它吸干了,所以我又画了一幅银色的夜晚……在夜里,强盗们藏起来了。

艾米丽,4岁1个月

无题
作者:马尔齐亚,4岁
尺寸:29.7厘米×21厘米
媒材:在卡纸上使用马克笔和彩色铅笔

无题
作者:艾米丽,4岁1个月
尺寸:29.7厘米×21厘米
媒材:在卡纸上使用彩色铅笔

{ 重启

黑色与白色的友谊

无题
作者：安东尼奥，4岁6个月
尺寸：39厘米×28厘米
媒材：在白纸上使用马克笔、炭笔和水性马克笔

在这幅非常漂亮的画中，你可以看到那里有一点白色，它下面画了一些黑色。因为黑色和白色是好朋友。

安东尼奥，4岁6个月

重启——教师向一组孩子提议了相同的主题：

"你能创编一个关于黑色与白色的故事吗？"

它们在这里碰到一起了：黑色和白色混合在一起，它们都给了对方一点点自己的颜色。

安德里亚，4岁9个月

无题

作者：安德里亚，4岁9个月

尺寸：22.7厘米×18厘米

媒材：在牛皮纸上使用水性马克笔和大号铅笔

白色摸了摸黑色，它在给黑色挠痒痒。

苏菲亚，4岁1个月

圈圈在亲吻，它们粘在一起，混合到一起了。

贝内黛塔，4岁4个月

无题

作者：苏菲亚，4岁1个月

尺寸：40厘米×24厘米

媒材：在草纸上使用铅笔和马克笔

无题

作者：贝内黛塔，4岁4个月

尺寸：29.7厘米×21厘米

媒材：在大理石纹纸上使用大号铅笔

{ 重启

风的效果

这些花里有"风的效果"。风把它们吹化了,这样的效果很好看。

艾丽莎,4 岁 10 个月

艾丽莎意外地用手在纸上拖出了一条粉笔印,留下了一道她称之为"风的效果"的痕迹。

无题
作者:艾丽莎,4 岁 10 个月
尺寸:29.7 厘米×21 厘米
媒材:在黑色卡纸上使用马克笔和粉笔

重启——教师提议："你能把风画出来吗？"

一幅风的画……上面、下面、左边、右边都是，因为风无处不在。我还用了一张又薄又轻的纸，因为风就是特别轻的！

阿里安娜，5岁2个月

无题

作者：阿里安娜，5岁2个月

尺寸：21厘米×14厘米

媒材：在丝质纸上使用粉笔

这里有一些花，但是风来了，把它们吹到一个很远很远的地方去了。为了假装它们飞走了，我用手擦了擦它们。但我没有让它们全部飞走，不然的话你就不知道它们是花了。

阿里安娜，5岁2个月

无题

作者：阿里安娜，5岁2个月

尺寸：21厘米×14厘米

媒材：在包装纸箱板上使用粉笔

轻轻地画的温暖的风……你可以用手感觉它有多温暖。

阿里安娜，5岁2个月

无题

作者：阿里安娜，5岁2个月

尺寸：26.9厘米×17.8厘米

媒材：在包装纸箱板上使用粉笔

创造性『意外』

　　一个随意的手势、一个意想不到的效果或是一次意外，都有可能引起孩子们的好奇和惊异。他们很少把这些意外当成是错误，反而会用一些具象的意义来对其进行诠释。

{ 创造性"意外" }

烧焦的树

这是一幅画在透明胶片上的树,树枝上有一道拖拽出来的痕迹。这被茱莉亚解释为:"是风在推动它们。"这也许暗示了使用不同的材料、具有不同主题的第二幅画:"这是烟和火。"紧接着,她把两幅画连接并重叠起来,交织成了新的故事。

现在我在画风。看起来树枝在摇晃,这是因为风在推动它们,非常大的风!

丹尼斯,5岁5个月

1. 在透明胶片上绘画

我把手臂放在上面。

茱莉亚,5岁10个月

这看起来好像有点褪色了。

丹尼斯,5岁5个月

我做了一个让树枝消失的效果。

茱莉亚,5岁10个月

2. 在牛皮纸上绘画

这是烟和火混合在一起,因为它们靠得很近,相互叠加。

茱莉亚,5岁10个月

3. 在牛皮纸上覆盖透明胶片

这些树木沉浸在火中!

丹尼斯,5岁5个月

烧焦的树

作者:茱莉亚,5岁10个月

尺寸:42厘米×29.7厘米

媒材:在牛皮纸和透明胶片上使用马克笔和黑色、红色蜡笔

{ 创造性"意外" }

游走的痕迹（1）

在可渗透墨水的材料上涂鸦，一片痕迹透过材料印到了桌面上。孩子们研究绘画工具时的好奇心和坚韧性，往往伴随着对抓力和压力的探索与试验，这些探索有时会导致一些技术性的"意外"。

孩子们会对此感到沮丧吗？一般来说是不会的，因为他们有一种看待事物的方式——质疑并试图理解已经造成的境况，像扎卡里亚那样。然后，经常地，他们会试图让它再次发生，重现这个"意外"。

它跌倒了……

……我画在这里，然后它下去了。

扎卡里亚，2岁2个月

无题

作者：扎卡里亚，2 岁 2 个月

尺寸：29.7 厘米 × 21 厘米

媒材：在无纺布上使用水性马克笔

{ 创造性"意外" }

转印

使用不同的辅助材料——不同墨水,有的是可渗透的,有的是不可渗透的——孩子们创造出不同的痕迹,是他们自己的绘画作品的一种复制品或标志。

通过实施不同的策略,复制品成为与原创作品同样重要的主体。

玛丽娜向莎拉展示了如何制作完全不同的斑点,此时,"它看起来像……"这个游戏使这些痕迹产生了新的身份:"它看起来像一张鳄鱼的脸。"接着,孩子们有意识地根据自己的表达意图,选择、使用不同的绘画工具来完成这一作品。

玛丽娜向莎拉解释了用一张纸在另一张纸上留下"斑点"的步骤。

你用力按住这张白纸……

玛丽娜,4岁4个月

它看起来像一张鳄鱼的脸!

我用尖尖的笔尖来画它背上的鳞片和圆点……

我用暗暗的炭笔画鳄鱼生活的大海!

{ 创造性"意外" }

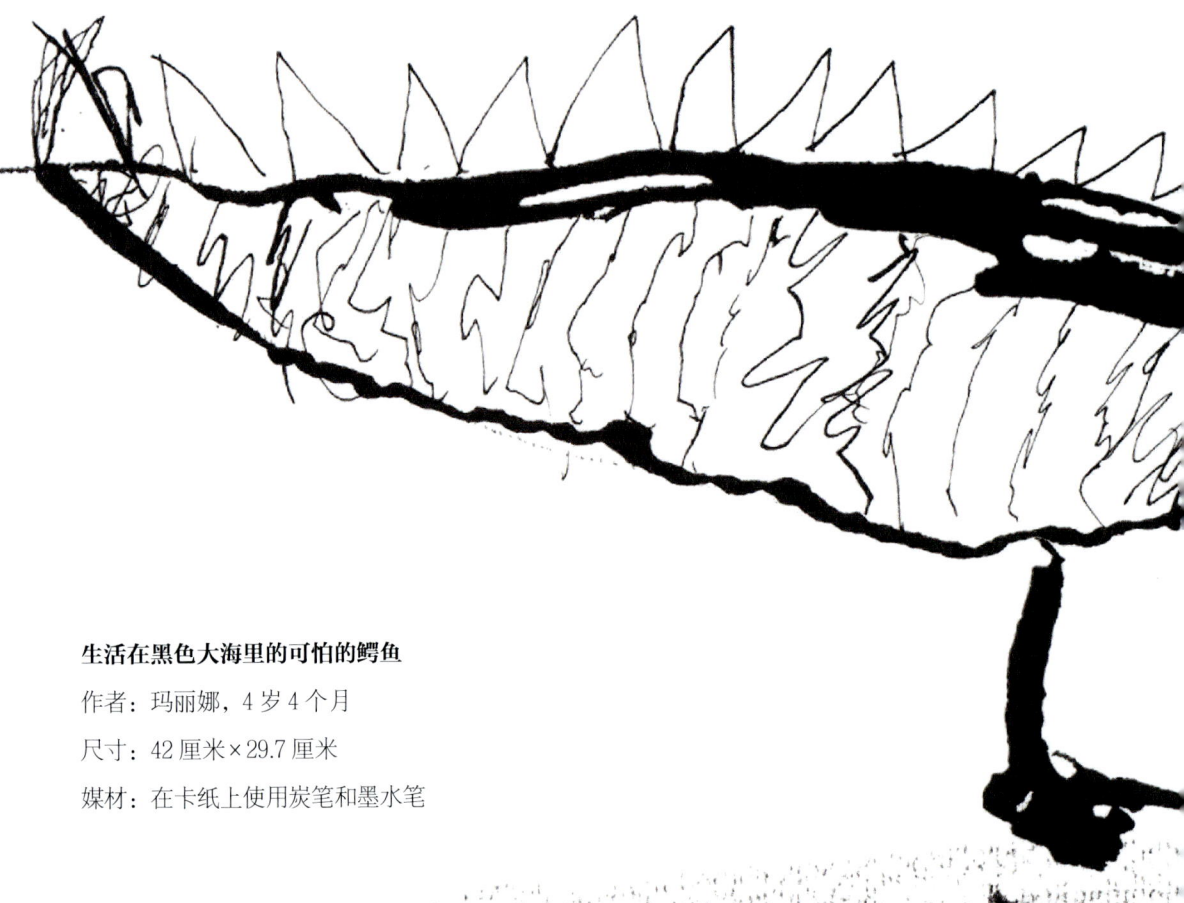

生活在黑色大海里的可怕的鳄鱼

作者：玛丽娜，4岁4个月

尺寸：42厘米×29.7厘米

媒材：在卡纸上使用炭笔和墨水笔

这是生活在黑色大海里的可怕的鳄鱼!

玛丽娜,4岁4个月

{ 创造性"意外"

印迹

考虑到玛丽亚·埃琳娜的画被意外地粘在了纸上,留下的印迹可能会成为一个新故事的主题,教师决定向一组孩子提出一个新建议。

这只是许多故事中的一个,孩子关注的对象不是最初的画作,而是其"盖印"出的痕迹。痕迹作为原作的一种回响,一种双重叠加,触发了叙事的元素——如消失、一面弄花的镜子。或者,如下面的案例所述,印出的痕迹引发了"失去记忆"的故事。记忆的丢失被孩子视为身份的消失,只有当记忆再次寻获时,身份才能够被重新赋予。

这个故事是由两个孩子的讨论构成的。他们运用不同的叙述意象,但却设法达成一致,尤其是在为故事寻找一个幸福结局这一方面。

两朵花

作者:玛丽亚·埃琳娜,3岁1个月

尺寸:23.5厘米×18厘米

媒材:在白纸上使用水性马克笔

这是一朵小花的故事,它也在下面那一层,但是你必须把它摘下来,因为它被卡住了。

玛丽亚·埃琳娜,3岁1个月

重启——基于玛丽亚·埃琳娜（3岁1个月）的发现，以及教师的提议，玛蒂娜（5岁8个月）和彼得罗（6岁3个月）有了一些叙述的想法。

两朵小花的故事

玛蒂娜：一朵花快要消失了，因为她忘记了所有的事情。有一天，她消失了！

彼得罗：不是的，她没有消失！

玛蒂娜：哎，她要消失了，以后她的朋友就找不到她了……

彼得罗：不，不，不，在她快要消失的时候，她的朋友找到了她，她像以前一样回去了，她们用叶子互相拥抱。

玛蒂娜：不是的，她消失了，她的朋友以为她已经离开了……

彼得罗：但是这个故事太悲伤了……

玛蒂娜：她的朋友以为她已经离开了，但是有一天她想起了所有的事情，她又找到了她的朋友，她们拥抱在一起！

{ 创造性"意外" }

一个破碎的男孩

阿德莱德的版本，3岁11个月

一个破碎的男孩

作者：阿德莱德，3岁11个月
尺寸：30厘米×30厘米
媒材：在餐巾纸上使用水性马克笔

1. 从前有一个面包屑做的小男孩碎掉了，可能是因为有人不小心拿到了锤子，没有用来工作，却打碎了这个小男孩。

2. 然后这个碎掉的男孩就去找东西来修补自己。

3. 他可以用一些水泥把自己固定好，所以他去工地找水泥，然后他就完好无损地回来了。

4. 最后他回家了。

折叠的餐巾纸

展开的餐巾纸

恐龙的脚印

它看起来像一个有洞的恐龙爪子。

玛丽莎,3岁6个月

这只恐龙有一次弄伤了自己的骨头。

当冬天来临的时候,恐龙死了,人们终于安全了。

玛丽莎,3岁6个月

恐龙的脚印

作者:玛丽莎,3岁6个月

尺寸:30厘米×30厘米

媒材:在餐巾纸上使用水性马克笔

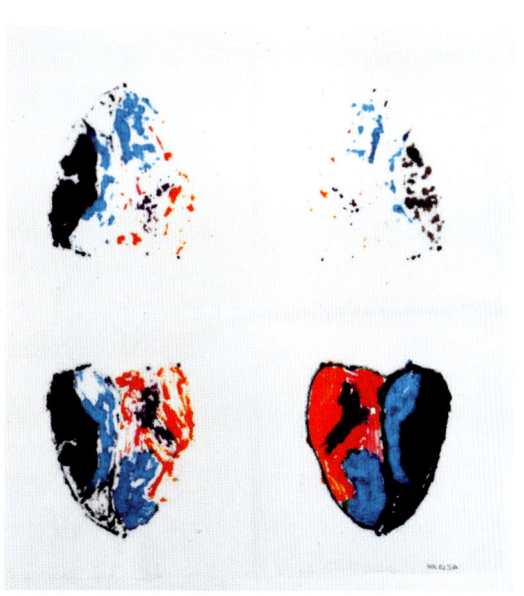

{ 创造性"意外" }

游走的痕迹（2）

一些绘画工具会在某些材料上留下不稳定的痕迹，一个随意的手势就会让这些不稳定的痕迹转变为一种意想不到的效果："手指在这里画。"这是一种能带来好奇和惊喜的意外。

在这里画，手指……它不在那里，它在我的手指上！

苏菲亚，1岁9个月

无题

作者：苏菲亚，1岁9个月

尺寸：23厘米×6.4厘米

媒材：在透明胶片上使用水性马克笔

{ 创造性"意外"

脱下蓝色裙子的女孩

　　触摸画在女孩身上的裙子这一动作导致了一个意外事件：颜色被抹去了。幽默、有趣和一点点恶作剧心理是爱丽丝用手指擦掉裙子上所有颜色的原因。画中小女孩的身体"露"出来了，爱丽丝立即重新给她穿上了一件擦不掉的裙子。爱丽丝用透明胶片画画，并把它贴在窗户玻璃上，让作品中的女孩在校园里散步。

1

我想在透明的塑料片上再画一幅画。我在画一个女孩：她的身体、胳膊、腿……

2

现在我用这支蓝色的马克笔给她画裙子……

3

嘿！我用手指把它擦掉了！看，艾米丽，如果我触摸它，它就被擦掉了！

4

她在脱她的蓝裙子。

5

噢，现在裙子全在我的手指上了！

我发现：如果我把它放在玻璃上，看起来就像一个女孩在田野里奔跑……嗒啦啦，嗒啦啦，那个在田野里蹦蹦跳跳的小女孩……我正在做一个动画！

爱丽丝，4岁3个月

6　　　　7

但是现在我得给她画另一条裙子：需要找到适合的颜色，一种不会被擦掉的颜色，就像这个粉色！她穿了一件衬衫，一条裙子……现在她不会再脱衣服了！

连环画

作者：爱丽丝，4岁3个月

尺寸：21厘米×29.7厘米

媒材：在透明胶片上使用荧光马克笔和不可擦马克笔

{ 创造性"意外" }

想吃海蒂的黑夜茸毛怪

对于仅凭想象力表达的故事来说,孩子们所选择的材料在多大程度上已经包含了一部分叙事?这个故事中的动画对于理解这一点非常重要。

甚至在被画上图像之前,大张的黑色卡纸和小张的透明胶片就已经"模仿"了茸毛怪物和海蒂。在怪物逼近的情况下,海蒂为了保护自己,变成了隐形人,抹去了代表她的印迹(可擦除的颜色提供了技术上的可能性)。隐形使她能够逃离怪物,并在走的时候嘲笑它。

怪物真的非常非常大,和这张纸一样高。因为海蒂很小。

我想画一个想吃掉海蒂的怪物。

它看到她在玩一个玩具怪兽,它决定把她吃掉。

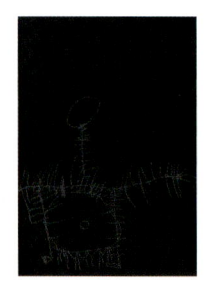

这是一只没穿衣服的怪物。

它有头发,全身都是毛……

……皮肤上沾满了毛。

它有长长的爪子……非常大的耳朵……它看起来像一只老鼠。

你知道它为什么有一个微笑的嘴巴吗?因为它很喜欢吃海蒂。它毛茸茸的脚离海蒂越来越近……

茸毛怪
作者:迭戈,3岁8个月
尺寸:29.7厘米×42厘米
媒材:在黑色卡纸上使用马克笔

怪物看见了她,但是现在海蒂隐身了,而且她也可以飞!看她是怎么飞走的!她说:"再见,回头见,大笨蛋!"

迭戈,3岁8个月

海蒂在这只怪物前面。

看,海蒂逃走了!

她消失了!
……因为颜色擦掉了……怪物看不见她了,所以怪物以为她是一片粉红色的灌木丛。

只要擦掉,擦掉,擦掉!

海蒂

作者:迭戈,3岁8个月

尺寸:14.8厘米×21厘米

媒材:在透明胶片上使用荧光马克笔

{ 创造性"意外"

一个失去双腿的女巫的故事

绘画时的意外事件生成了新的叙述情节。

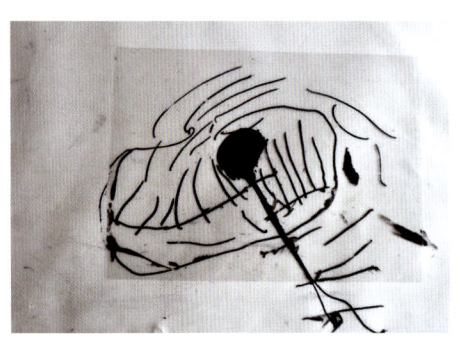
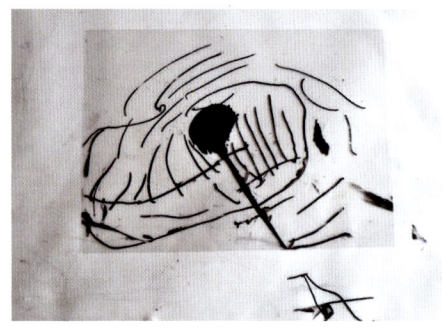

一个失去双腿的女巫的故事

作者：乔吉亚，3岁3个月

尺寸：29.7厘米×21厘米

媒材：在透明胶片上使用不可擦马克笔

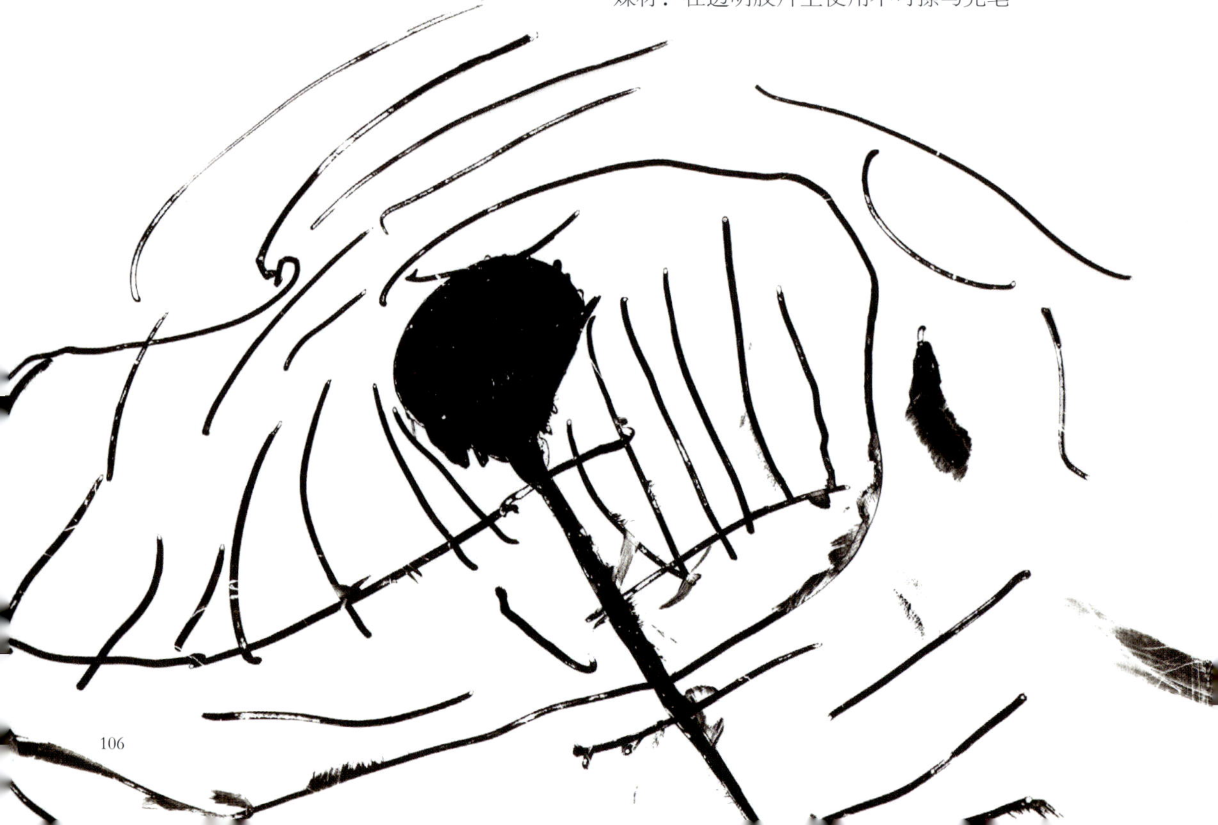

乔吉亚向两个年龄大一点的伙伴解释自己面临的难题。

腿留在了桌布上,因为我用马克笔画画的时候,它们留在了桌布上。这是我用马克笔画画的时候发生的……

乔吉亚,3岁3个月

也是因为这张纸是透明的……

西莉亚,5岁5个月

很难看到纸的边缘在哪里。

詹卢卡,5岁6个月

重启——教师问:

"这个女巫会发生什么故事呢?"

{ 创造性"意外"

  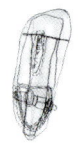  

一个失去双腿的女巫

在一座城堡里住着一个女巫,有一次她飞出城堡,她的腿却粘在了地上……就在地上,所以女巫飞来飞去,想看看能不能找到它们,然后她的腿自己跑掉了,它们去了一个奇妙的城市……

无题

作者:科斯坦帝罗,6岁

尺寸:48.9厘米×35厘米

媒材:在牛皮纸上使用彩色铅笔

鞋店

作者:5、6岁的男孩和女孩

尺寸:42厘米×29.7厘米

媒材:在卡纸上使用混合媒材拼贴

 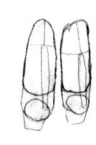    
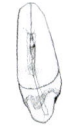  

……它们去了城里,女巫也去了城里。女巫躲在灌木丛后面,却发现灌木丛附近有两条腿在走路。女巫看到了腿,鞋子们也很高兴见到女巫,因此这两条腿就重新回到了女巫身上。从此以后,每个人都过上了幸福的生活!

……它们看到一个小店,里面摆满了漂亮的鞋子。后来,它们看到一个盒子里装着一些闪闪发光的红色高跟鞋!它们试穿了一下,并问那位女士可不可以买下来。那位女士同意了,两只脚穿上了高跟鞋……

故事由西莉亚和詹卢卡讲述

无题

作者:洛伦佐,6岁2个月

尺寸:42厘米×29.7厘米

媒材:在描图纸上使用马克笔

{ 创造性"意外"

大苍蝇和小苍蝇

这个长长的故事证明了儿童的强大能力,即使是很小的孩子,也能维持不同概念和关系层面之间的连接:材料的表现力,故事的情节,接受同伴的介入。一个独立的故事变成了一个故事集,容纳了他人的想法,并跟随这些想法不断游走、折返,最终把一切重新联系起来。

它是黑色的……我喜欢黑色,它是我最喜欢的,因为它是黑色的。它看起来像一只大苍蝇,它有苍蝇的翅膀,可以飞,它嗡嗡作响。它进入树林,藏在黑暗的树林里。黑色是黑暗的黑,这里画的是一只胖胖的黑苍蝇,这只胖胖的黑苍蝇遇到了一只狼,但它没事,因为它和爸爸在一起。(洛伦佐)

《大苍蝇和小苍蝇》的故事揭示了图像和故事是如何在一个孩子的脑海中生成的。这一过程涉及视觉、触觉、听觉和语言感知。

黑色是一种颜色,"我最喜欢的",洛伦佐大胆地说。同时,黑色也是一大片图像,其中的一个斑点看起来像一只苍蝇。游戏"它看起来像……"的乐趣在于,在黑色图像中寻找用来飞翔的翅膀,及其与使树木变黑的森林的关联。

"黑色是黑暗中的黑":这是一个将黑色的物质性与黑暗的不确定性相融合的强有力概括。在故事中,洛伦佐把另一个角色带上舞台。在我们的文化中,它是"黑色"的原型:那只狼。

{ 创造性"意外"

　　黑色是最受欢迎的颜色;"黑色"是一只苍蝇,它嗡嗡叫着飞进森林,躲在黑暗的树丛。在那里,它遇到了一只黑色的狼。

　　吉阿尼·罗达里写道:"……一个词,偶然地被抛入脑海,在表面和深处产生波动。这会导致无限的系列连锁反应。当它降临时,会唤起声音与图像、类似物与回忆、意义与梦想。这其中涉及体验与记忆、想象与无意识的活动。这是个复杂的过程,因为事实上大脑不是被动做出反应,而是持续地通过接受或拒绝这些表征进行介入,以连接和审查它们,建构和摧毁它们。"[1]

　　着迷于这种语义的丰富性,教师问洛伦佐:"你继续和你的朋友们一起探索大苍蝇的故事怎么样?"这个重新发起的想法传递给孩子这一信息:成人对他第一个故事的情节非常欣赏,并邀请他去探索在群体中共同创作的可能性。"苍蝇嗡嗡地叫……",故事从这个声音开始进入大家的耳中。为了带来一些趣味,并唤起昆虫飞进房间的运动意象,洛伦佐选择使用未完成时态的动词,将孩子们带入到可能的维度中,一起开始游戏。

---

[1] G. Rodari, *The Grammar of Fantasy: An Introduction to the Art of Inventing Stories* (trans. Jack Zipes), Teachers and Writers Collaborative, 1996.

一张半透明的哑光塑料片为画面提供了微妙的视觉与触觉体验,洛伦佐用颜色、痕迹和话语进行了诠释:

"这张片片上有雾,外面也有雾,都是灰色的,我画的是灰色,但天气并不坏,因为太阳出来了。"

《大苍蝇和小苍蝇》的故事在一张弯曲的白色卡纸和一张竖立的亚麻布上继续着。这一过程伴随着此起彼伏的声音,也伴随着白色与黑色的变化、辅助材料的不同特性所引发的鲜活的心理意象。

令人惊讶的是,在这个关于绘画和叙述的研究中,那些被孩子唤起和命名的正是运动和生活中的声音。它们像一条线,诗意的故事围绕着它们铺陈、编织,由黑暗、夜晚、喷泉的水雾、天上星星闪烁的黄色微光,以及苍蝇的嗡嗡声织成。

{ 创造性"意外" }

它是黑色的……我喜欢黑色,它是我最喜欢的,因为它是黑色的。它看起来像一只大苍蝇,它有苍蝇的翅膀,可以飞,它嗡嗡作响。它进入森林,藏在黑暗的树丛里,黑色是黑暗的黑。

这里画的是一只胖胖的黑苍蝇……这只胖胖的苍蝇遇到了一只狼,但它没事,因为它和爸爸在一起。

洛伦佐,2岁11个月

小苍蝇

作者:洛伦佐,2岁11个月

尺寸:14.5厘米×9.5厘米

媒材:在透明塑料片上使用水性马克笔

重启:"你继续和你的朋友一起探索大苍蝇的故事怎么样?"

太棒啦!我可以用很多纸继续!

洛伦佐,2岁11个月

好的!

安德里亚,2岁10个月

我也是!

尼科洛斯,2岁11个月

苍蝇嗡嗡地叫……

洛伦佐,2岁11个月

洛伦佐（选择半透明的塑料片）：

这张片片上有雾，外面也有雾。都是灰色的，我画的是灰色，但天气并不坏，因为太阳出来了。

无题

作者：洛伦佐，2 岁 11 个月

尺寸：19.4 厘米 × 7.5 厘米

媒材：在透明塑料片上使用水性马克笔

我画了一只大苍蝇和一只小苍蝇……它们要像我们一样去上学，因为其中这只小苍蝇长大了。

洛伦佐，2 岁 11 个月

我在做一个蛋糕……给洛伦佐的苍蝇。

尼古拉斯，2 岁 11 个月

无题

作者：洛伦佐，2 岁 11 个月

尺寸：21.3 厘米 × 15 厘米

媒材：在草纸上使用马克笔

{ 创造性"意外"

但是故事在雾中继续。我用白色把雾变得更白,因为有时雾很大,有时雾很小。就像这里,看到了吗?

洛伦佐,2 岁 11 个月

我还有一张纸。这张纸有点滑……

洛伦佐,2 岁 11 个月

现在我又有了另一张纸。这条路比较短(纸上的短线条)。这是一条捷径。

洛伦佐,2 岁 11 个月

无题

作者:洛伦佐,2 岁 11 个月

尺寸:33 厘米 × 8 厘米

媒材:在瓦楞纸板上使用大号铅笔

用灰色画出黑暗,就像这样黑?我在画一条长长的路,很黑……通向城堡。

安德里亚,2 岁 10 个月

现在我用的是这个大的,像个地毯(亚麻纸)。它在一座城堡里。还有大苍蝇和小苍蝇,但是你看不见它们,因为天太黑了。

洛伦佐,2 岁 11 个月

无题

作者:安德里亚,2 岁 10 个月

尺寸:42 厘米 × 25 厘米

媒材:在白纸上用银色马克笔

无题

作者：洛伦佐，2岁11个月

尺寸：40厘米×29厘米

媒材：在黑色织物上使用大号铅笔和水性马克笔

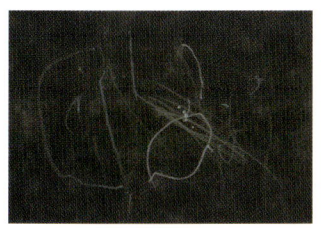

我和你一起去，洛洛。在黑暗里，你害怕吗？

安德里亚，2岁10个月

但是我们不能在城堡里发出任何声音。否则……否则……它们就听见我们了。你听到马克笔在纸上的声音了吗？它会制造噪音，它能发出轻轻的噪音。

安德里亚，2岁10个月

好的，但是现在我什么也看不见。

安德里亚，2岁10个月

我也是，我们看不见对方，在城堡里……

洛伦佐，2岁11个月

我好像在黑暗中，因为是晚上。

它们有手电筒。它在飞，苍蝇爸爸在飞。

它喊小苍蝇过来，嗡嗡嗡叫，就像这纸上发出的声音……

洛伦佐，2岁11个月

是的，但是已经是深夜了……你可以听到喷泉的水声……一会儿喷起高高的水雾，一会儿又是低低的水雾……然后它们变大……再落下来，就像这样……还伴随着"嘘，嘘，嘘"的声音。但是天空中有一颗小星星……你需要银色才能让它闪闪发光。

洛伦佐，2岁11个月

在我的故事里，一个猎人有一个袋子，袋子里有一只狼。狼在袋子里面看不见外面，因为外面很黑，我用黄色来画灯。

安德里亚，2岁10个月

如果你愿意，等一下我们可以讲讲我们的故事。但我们要把它整理好，就像在城堡里的那段故事一样。我的大苍蝇和其他苍蝇，像我们一样去看它。

洛伦佐，2岁11个月

但我也在那里，在你的城堡里！

安德里亚，2岁10个月

我们是朋友，就像大苍蝇和它那些来看小苍蝇的朋友们。

洛伦佐，2岁11个月

{ 创造性"意外"

研究和工作笔记

研究笔记记录了我们在婴幼园和幼儿园进行的观察与调查。

图像材料

除了展示选定的调查研究材料和成果外,我们还展示了对其他各种材料和工具的探索,每一种探索都开启了不同的学习历程,也开启了感知觉、手势、话语和心理意象的多种可能性。

{ 创造性"意外"

开幕式

2014 年 5 月 10 日　星期六

{ 创造性"意外" }

工作坊

在工作坊,我们邀请观展者试用绘画工具、探索材质的表面,并生成不同的故事。

绘画与叙事的交织——米雷拉·罗奇

作为展览的一部分，一个用于绘画和叙事的工作坊设置于展览中：这是一种互动策略，通常被认为是瑞吉欧·艾米利亚市属婴幼园和幼儿园所举办的展览的特色。这一选择强调了理论与实践的密切联系，且对于教育体验的质量来说是不可或缺的。

工作坊邀请观展者积极且具体地对工具和材料进行探索，并反思展出的儿童作品所证实的一些过程和概念。

作为专业发展项目的一部分，无论是瑞吉欧·艾米利亚、意大利其他城市的教师和驻校艺术教师，还是来自不同国家的学习小组都有机会参与工作坊。该方案也被纳入洛里斯·马拉古奇国际中心的城市工作坊项目中，并拓展到家庭中去。

在观察和记录工作坊活动的过程中，我们注意到不同群体所共有的方法和氛围：边动手边思考和共同反思的乐趣；大胆尝试不怕出错的勇气；对重新发现工具和材料的使用方法的兴趣；一种使你接受并创造性地利用偶发事件或技术性意外的自由观；以及一种独特的同理心和好奇心，这种同理心和好奇心强烈到有时会使参与者忘记时间。

{ 创造性"意外"

根据自己在工作坊中的经历，参与者提出了一些问题，并针对学校和学前教育机构的设计、环境建议、成人的角色，以及孩子们被激发的学习过程等方面反馈了自己的意见。

我们认为在这里加入一些工作坊参与者的评论会很有趣。

一位来自意大利瑞吉欧·艾米利亚市的参与者：

"作为基于设计的思维方式的一部分，这种教育策略强调了成人进行实验的重要性。这种思维方式支持对新情境进行假设，而新情境又会产生新的问题和新的假设。"

一位来自意大利科森扎的参与者：

"工作坊提出了一种与材料运用相关的叙事，在不断变化的倾听过程中……蜕变。"

一位来自意大利罗马的参与者：

"工作坊是一个可爱的'虚空'，可以为你的知识、感知觉和身体记忆提供空间。在这个既满又空的空间里，你可以自由地表达自己。"

一位来自挪威的参与者：

"假如我的脑袋是一个盒子……通过工作坊的体验，这个盒子终于打开了。我理解了孩子们在这种情况下的反应，我学会了倾听他们如此敏感又复杂的学习过程。"

一位来自日本的参与者：

"工作坊能让你体验到这种环境所产生的'不适感'：绘画工具组会创造一种迷失感，但同时也会刺激你想要尝试一切的欲望。"

"我对驻校艺术教师的角色有了更深的理解：只需一个朴素的词汇、一个简单的手势，就可以导向一个更成熟的理解，打开充满可能性的世界……"

"这既是一个认知过程，也是一个情感过程。它让我们看到了美，即便这种美是偶然出现的。我赞同这种能够如此有效地支持这些经验的环境。"

一位来自巴勒斯坦的参与者：

"在工作坊中，我既能看到外在的材料，也能看到自己的内心。材料唤起了图像，且在探索的过程中，两者都在不断地变化。我意识到这一提议（建立工作坊）背后的成效，于是我对自己说：'如果我们真的像孩子们那样，那么那里就是河流的发源之地……'"

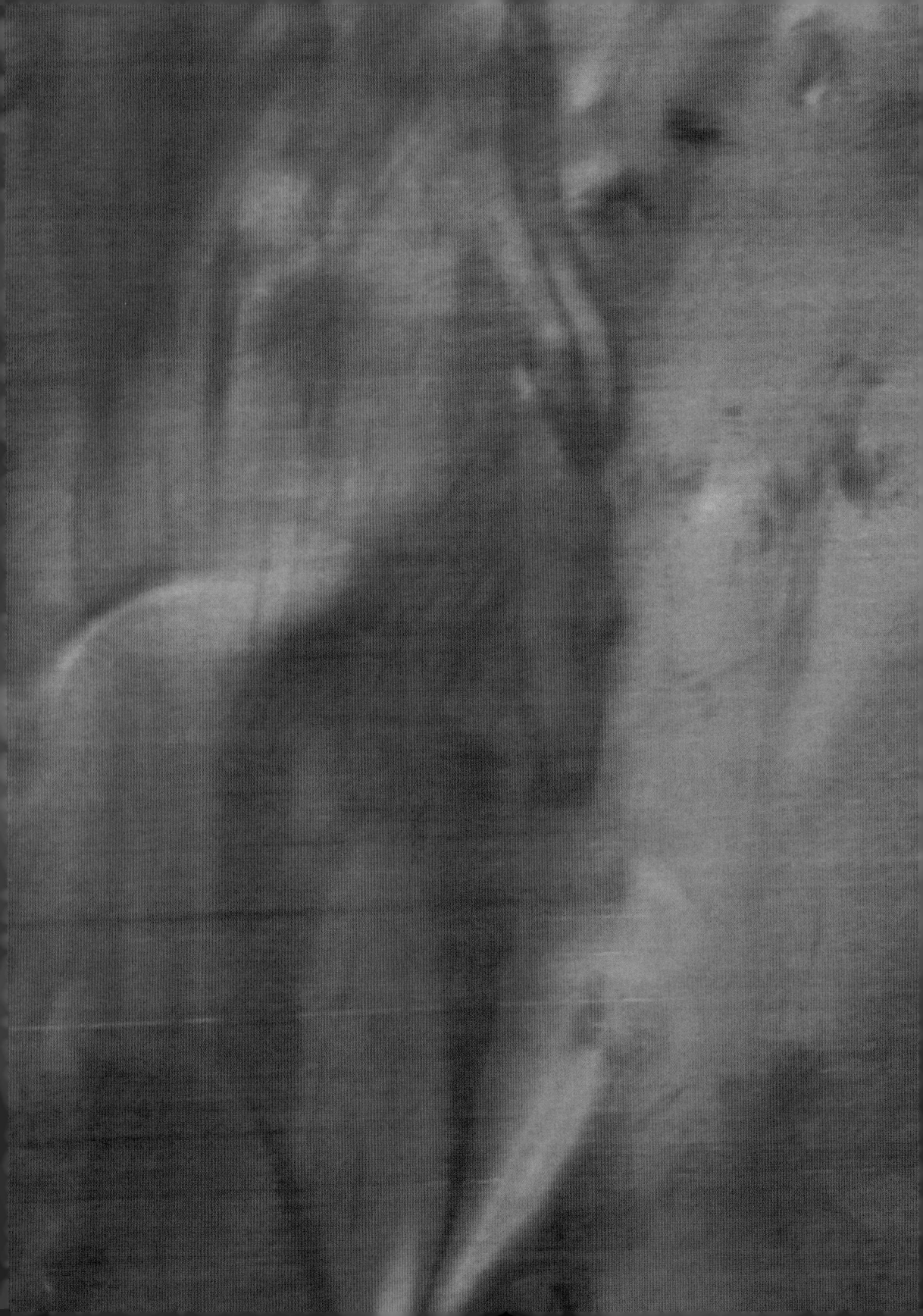

诠释与分析

{ 诠释与分析

进行诠释的前提假设

观察和记录我们已经完成的工作，并在这里进行了部分展示和描述，我们尝试阐明进行诠释的前提假设。

·在能够进行口头表达之前，人类就已经在人际关系中与生俱来地使用手势和绘图，具体形象地表达自己的渴望和能力。

·孩子们表达出来的本质性的、富有诗意的想法，一如既往地令人惊讶。特别是在展览的第一部分中所展示的作品，通过隐喻的自由组合，呈现出一个诗意的结构。我们喜欢日本俳句诗的结构，用最简洁的形式（在我们的案例中，是图像和话语）表达出背景的低语、色彩和强烈的感觉。就像在俳句中，"词语瞬间归于空无的事实为其自身带来了益处"。只有诗意的语言才能将"雾"定义为"可见的、风景中柔和的气息"。而在孩子们的口头语言中，我们经常发现这种诗意集中体现在他们对探索对象的描述上。

·绘画工具、色差、辅助材料、心理图像以及话语之间的关系呈现于参与调查的所有年龄的儿童中。有些时候，我们只能通过视、听、触等感知觉的微光来瞥见这些关系，而在其他时候，它们清晰可见。

·与我们的预期相比，绘画材料的表面质地似乎在产生创作的过程中扮演着更为重要的角色。

·这些结果似乎证实了感知觉的移情作用在建立联系和寻找意义方面的决定性作用。

·特别是在年幼的孩子身上，我们看到伴随着绘画和口语经验的明显的肢体语言，包括面部表情、手势、肢体动作、声调和韵律，这为高度戏剧化的"表演"开辟了道路。

- 在对绘画工具进行探索时，不可避免地会发生一些意外事件（成年人会把它们定义为"技术事故"）。孩子们却会怀着好奇心、伴随着无拘无束的快乐去拥抱"意外"，发现其功能，创造性地解释"意外"所造成的那些图像的故事和自己的叙述。

透明的支持材料尤其具有吸引力，并且会受到格外关注；它们通常被用来改变已经创作好的图画故事：叠加的透明胶片导致了情节的发展，并使故事具有了动画效果。

- 另一个确定的事实是孩子们在接纳他人观点方面有很强的能力，并能够将其恰当地延续下去。独特的画面经常通过移情、好奇心，或是通过多个孩子参与的对图像的重新解释等方式出现。个人关于故事的想法会让位于其他孩子的介入，或者变成由多种声音讲述的集体叙事。

- 我们觉察到，在学术环境中，存在着省略对工具和技术本身进行探索的风险，还存在着消减工具和技术所具有的多元的表达可能性的风险，这实际上意味着减去了有趣且丰富的经验和过程。我们想指出的是（这并不是一个矛盾），即使只有一支铅笔，当它发挥所有的创作潜力时，也能够实现技术的有效性和表达的敏感性。然而，这意味着对绘画本身要有良好的审美和诗性智慧，把它当作知识建构的一种重要语言，并在不会阻碍表达和认知的独特性与创造力的前提下提出来。然而，不幸的是，这种阻碍经常发生。

- 我们认为，绘画和口头叙事都从两者的交织中衍生出了表达和认知的丰富性。甚至当其中一种语言再次被孩子自主使用时，这种丰富性也将会重新出现。

{ 诠释与分析

编排——维娅·维奇

  我们在这里呈现的是一个"柔和"的展览，一种有风险的"柔和"，因为在目光短浅者看来，它可能几乎是平庸的、屡见不鲜的、过时的。其实不然，一些有趣的作品表现并证实了某些假设，有人可能敢于认为这些假设是人类学的，因为孩子们的作品以惊人的清晰度传达出许多属于我们人类的基本认知。

  对感性刺激的敏感性是迅即而流畅的。从触觉到听觉再到视觉，它以极大的感受力和共鸣性构建心理意象，并与口头语言轻松交织。这是一种多感官的联觉和想象的激发过程，其间，感知被"激活……一种感官的感觉引发另一种感官的感觉"，不同感官的感觉相互依存，因为它们只有在联合中才能获得意义。

  评价孩子们创作的材料并不是特别简单，因为我们意识到我们再一次冒着将图像部分与语言部分割裂的风险，也就是将手部操作时的探索、倾听和口头表达与他们所看到并感知到的话语割裂。

  当我们在文本中强调一个方面多于另一个方面时，只是为了更深入地研究儿童探索与表达的某一领域。在两种语言（感知和言语）明显分离的情况下，我们一直致力于将两者融合。因为我们意识到：如果我们能够将两者融合，我们就可以使不同部分之间的联系倍增，扩大我们的视野，深化我们对所做工作的理解。

  展览和后续的文本确认了图像语言的重要性和魅力。它用独特的方式丰富了我们赖以与外界联系的大脑、眼睛和感官。这一语言赋予了那些始终以投入的奉献精神探索它的人们的认知和想象的品质，这一点很难不被赞美。

  幸运的是，孩子在以绘画为重点的婴幼园和幼儿园画了大量的作品。

但这样以绘画为焦点的项目（以及之前的其他项目）仍然是有用的，能够避免对形成最终绘画作品的整个过程的重要性的无视或削弱。

我们将不厌其烦地重申，在绘画过程中瞥见或发现的智慧和创造力是多么珍贵。这使我们能够认识、欣赏、尊重所有作者，并更好地理解绘画这一语言的丰富性。但这一点在大多数学校文化中一直被轻视。我们并不想抨击这一点，但在我们的日常生活中真实存在着无数的案例，揭示了简单化与标准化的视觉文化所产生的负面影响（对成人和儿童都会产生影响）被系统性地低估了。同时，这些案例也显示着这在多大程度上剥夺着儿童知识建构的可能性。

在开展其他项目的同时，我们已经连续三年将关注点聚焦在绘画上。从"城市中孩子们的绘画痕迹"这一项目开始：在这个项目中，每个婴幼园和幼儿园在城市中心选择一个地点，创造一幅由孩子们设计和完成的，且与所选择的地点存在特殊关联的绘画，这是一个"倾听环境"的过程。第二年的主题是"人物形象倍增：绘画、黏土、摄影、数码技术"，旨在捕捉和记录人物形象在不同表现手法和表现材料之间转换所产生的建构与表达的过程。即使对于成年人来说，这也是一项需要进行心理与实践训练的困难的创造性练习，并且这种心理与实践训练还未被探索过。

今年，这个项目选择了一个较为基础的主题：工具、辅助材料和话语之间关系的火花。我们的项目实际上包涵了不同的阶段，但是孩子们很快就参与进来了，并且像以往一样，在不需要教师或成人进一步建议的情况下，立即向我们反馈了非常有趣的作品及其创作过程，并不需要进一步的建议。

我们得到了一些确认，且和往常一样，也收获了一些惊喜。我们被婴幼园的孩子们画画时的如饥似渴、认真和享受所触动。他们赋予支持材料的表现力也给我们留下了深刻的印象，这些也立即成了图像与口述情节的主角，仿佛刚刚做出选择，他们就已经对图像痕迹和话语中的重要组成部分做出了反应。我们惊讶于这些小作者们的好奇心与投入游戏的态度，他们能够将在创作过程中遇到的技术性意外转变为创造的契机，同时也通过充满想象力的游戏、感知的隐藏（如在白纸上使用白色笔，在黑纸上使用黑色笔），以及纸张的朝向和光线变化之间的关系，引发了不同的绘画。

我们可以继续下去，但在这里我们将内容局限在初步评论上。我们希望孩子们能够在学校提供的日常环境中获得这些经验。（如果想要在学校以外的环境中拓展这一愿景是否太理想化了吗？）在学校环境中，本次展览中所强调的绘画工具、材料和话语之间最初的自然联系可以得到推进、完善，甚至可以突破瞬间的联觉，演变成越来越有意识和创造性的联系和概念。

{ 诠释与分析

在婴幼园里绘画——米雷拉·罗奇

孩子们会深情地与大自然及世间万物保持联系,这种关系在他们的表达甚至手势中强烈地回响。(洛里斯·马拉古奇)

至关重要的敏感性

当痕迹还不是有形的事实(也就是说痕迹还看不见)的时候,孩子们就开始画画了。这可以追溯到带来愉悦感的手势、声音,以及形成痕迹的身体。这些痕迹是难以捉摸、不可预测的无形痕迹,是留下短暂记号的痕迹,是一种探索发现的信号。而且,这些痕迹总是在诉说着某个故事。

有时,我们似乎能通过孩子们努力而愉快地在空中描画动作,或者试图在一些不可能留下痕迹的表面上留下痕迹时瞥见一些什么:在海滩的水边、在雾蒙蒙的窗户上、在雪地里,挑战带走痕迹的海浪,或是尝试不让雾蒙蒙的窗玻璃上的记号消失,或是突现的一个新的痕迹所带来的挑战,或是等待着痕迹随着时间流逝出现新的变化……

这些痕迹被环境刺激所激发的感知觉滋养着:湿润的沙子,脚下水岸上浪花的波动,发丝间的微风。即使当这些痕迹被定义为绘画,它们也与这些感知觉交融在一起。

就像旅程是一个旅行者探索发现自己与世界的过程一样,我倾向于将绘画定义为一个充满好奇的孩子仔细探索空间或纸张中的每一个角落,以及每一个在纸上塑造并获得生命的痕迹。孩子们已经准备好去发现惊奇,捕捉这些痕迹和图画中的情绪、暗示和潜在表现力。

这就是为什么被有些人消极地视为"乱涂乱画"的东西实际上是一个图像整体,是一个使概念与意义鲜活起来的地方。在这里,痕迹可以是基本的,也可以是交织在一起的,呈现出一种令人难以理解的纠缠。

调查研究：绘画，话语，材料

我自身语言的局限意味着我的世界的局限。（路德维希·维特根斯坦）

在对婴幼园和幼儿园的孩子进行调研时，我们有意选择了能够留下较多痕迹的画笔和能够接收较多痕迹的材料，将关注点放在痕迹产生后，随之而来的口头语言上。

我们在多种场合让孩子们探索这些材料，试着留下一些痕迹。当我们和婴幼园的老师一起设计并准备情境、测试材料、尝试做出不同的假设和预测时，我们产生了许多困惑和疑虑。

除了常见的马克笔外，如果我们再提供一些孩子和成人都不熟悉的绘画工具（比如，炭笔和红色蜡笔，或者钢笔）会怎么样？

这些能够产生新的痕迹特点的工具会激发孩子怎样的敏感性和注意力？

在瓦楞纸板或透明塑料片上留下的炭笔痕迹意味着什么？

为8—16个月大的婴幼儿提供什么样的环境，能让他们的能力发挥价值？

对所有的孩子来说，与我们推荐的材料和工具的相遇激发了他们的渴望，让他们感到惊讶，有时也让他们感到迷惑，让他们想要去尝试，去探索，用不同的策略去创造联系，并刺激了词汇和口语故事的产生。

 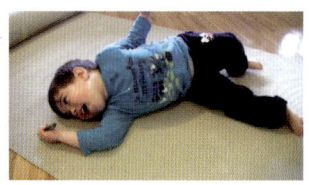 

有时，我们老师也会迷失方向。站在孩子们的立场上从来都不是一件容易的事情：我们感觉到了自己能力的局限，很难理解孩子们在我们看似"忙忙碌碌"的过程中尽力去做的事情，以及由绘画工具材料所激发的那种"如饥似渴"。

乍一看，情况似乎很混乱。和往常一样，这些观察记录（视频和观察笔记）与及时的反思使我们能够"试一试"，以更好地理解我们在孩子们的各种行为和关系中看到的一切。

"一个人最重大的工作不是任何一项独立的工作，也不是所有工作的总和，而是由他所做的一切尝试所带来的起伏波澜和连续转变。"[1]（Rudolph Arnheim, 2006）

伟大的作家和艺术理论家鲁道夫·阿恩海姆的话帮助我们重新认识儿童在塑造自身语言时所经历的漫长道路。孩子们的研究是通过实验进行的——重叠、反置、对照——在不同的支持材料上制造同样的痕迹：流动、跳跃、波动、停顿或吟唱，或者通过窗户或光影台的光线来探索发现。"太美了，太美了，太美了！"维奥拉几次惊呼，证实了她探索的结果。孩子们，即使是这么小的孩子，也总是在绘画过程中寻求着意义和乐趣，包括审美的愉悦。

---

[1] R. Arnheim, *The Genesis of a Painting: Picasso's Guernica*, University of California Press, 2006.

{诠释与分析

关于口头语言的札记——蒂安娜·马基尼 保拉·斯特罗奇

"孩子们懂得一些蜘蛛不会的语言,比如关于织网的语言。"[①](Gleitman, L.R., Gleitman, H., & Shipley, E.)

口头语言的张力和意图,有时先于图像手势,有时紧随其后,有时与之共同发生,或无声,或有声。在过去的几次实验中,孩子们用口头语言对事件、戏剧(源自希腊语中"行动"的原意)进行质疑和诠释似乎先于主题的形成,这一过程将动作、感觉输入和话语联系起来。这一联系已经能够在婴幼园活动中看到,幼儿说出的语言就像一块石头投入池塘,生成一种类似回声的变化,比起同心圆更像是长长的漩涡。就像还不到三岁的洛伦佐、尼科洛斯和安德里亚在故事《大苍蝇和小苍蝇》中所展示的那样。

这些故事向我们揭示了幼儿的头脑如何在主体间性的情况下运作,在视觉、动觉和语言感知之间产生心理意象。

在婴幼园,以及有更多语言表达的幼儿园里,我们已经看到了在支持性材料、工具的物理特性和属于隐喻范畴的心理意象之间的意义交换。例如,在被盖亚称为"咔嘀(猫的)"的纸的案例中,代表某一主体的名词,伴随着指向另一个主体的过程,变成了形容词,这个词打破了词与主体之间的单一对应关系,使语言既多义又模糊。

因此,正如许多语言学家所坚持的那样,隐喻与其说是属于真实的范畴(归于哲学和科学语言),不如说是属于可能的范畴(诗性话语的典型)。

[①] Gleitman, L.R., Gleitman, H., & Shipley, E., "The emergence of the child as grammarian", in *Cognition*, 1 (2), 137-164.

在孩子们对工具和词汇的选择中,我们经常可以看到他们在思考类比和对立:白色在白色上或白色在黑色上;白天与黑夜;好与坏;等等。思想是成对形成的:"软"这个概念不是在"硬"这个概念之前或之后形成的,而是在一场生动的相遇中,和"硬"这个概念同时形成的。亨利·沃隆写道:"……思维的基本单位是这种二元结构,而不是构成它的术语。二元性先于统一性。这种成对概念在独立元素出现之前就存在了。"[1]

触觉、心理意象、话语和文字游戏、符号和图形意象都是彼此交替、相互滋养的。三岁以下的幼儿使用各种口语元素(名词、形容词、动词),不仅恰当地运用并解释它们,而且还进行了意义的建构。正如史蒂文·平克所写:"这些语言的组织方式有点像绘儿乐的产品系列,花哨的颜色为基础的颜色增添了色彩。……我们看到颜色的方式决定了我们如何学习与之相关的词汇,而不是反过来。"[2] 我们欣赏的不仅是单词、短语和故事,还有这些单词、短语和故事是如何在由节奏、停顿、音调、沉寂、重音、笑声组成的声音环境中成型的。以及由词语"如果……"所带来的强有力的象征性游戏,这是一个能够打开想象和语言世界的游戏。

在婴幼园和幼儿园的日常生活中,这一世界得到了成年人的有力支持,他们会使用口头建议或提问的方式:"哦,看!它看起来像什么……?"

在主体间性之中,它是最人性化的沟通和创造方式。

---

[1] H. Wallon, *The Origins of Thought in the Child* (trans. Michael Vale), Jason Aaronson, 1984.
[2] S. Pinker, *The Language Instinct: How the Mind Creates Language*, William Morrow and Company, 1994.

{ 诠释与分析

专业发展的复杂挑战——丹妮拉·兰齐　安娜莉莎·拉博蒂

作为参与项目的教师、驻校艺术教师和教育学者的专业发展机会,"图形·话语·材料的马赛克"展览在2013—2014学年首次展出。

从2012—2013学年开始,教育协调小组年度专业发展项目向全体成员提出这样一个问题:瑞吉欧·艾米利亚市属婴幼园和幼儿园应该有什么样的课程?

这是一个"热点"问题,也是一个很典型的问题。在国内外关于学校、教育和学习概念的讨论中都是一个非常重要的议题。

在我们看来,对于学校里的日常工作来说,某些特定的意图尤其具有战略意义:通过对文献的分析和回顾,以及对实践的自我反思,对设计思维这一主题进行再次更新,从而增强教师与教育活动相关的论证和交流能力。

对教学内容和教学实践进行更深入的研究,是基于践行生态式、连接性和跨学科思想的目标所做出的选择。

2013年10月,参与该项目的四个婴幼园正在开展工作会议

2013年11月,婴幼园教师的会议:提出关于展览设计和布局的想法,并准备材料与观察工具

展览围绕着绘画与叙事的主题进行构思与建构，存在着许多文化前提：绘画就像是"把心灵呈现于表面"，在"符号—口语表述"的互惠作用中，绘画显示出建构知识、在不同语言所生成的新意义之间建立联结的强大潜力。

绘画与孩子们的内心世界、外部世界都进行着交流，增强他们的同理心、接受能力和敏感性，使他们与所画的主题以及绘画所唤起的一切之间建立关系。在这种互动中，图像语言"自然地"补充了叙事的维度。

事实上，叙事是通过创造、转变，连接语言能力、经验和意义建构，并塑造想象力和情感。

为了更深入地探索绘画语言和叙述语言之间的交织，并使之可见，我们在不同的绘画工具和辅助材料的基础上，开发了多样化的环境，和一个用来观察"图像—叙事"过程的特殊工具。此外，我们还创建了一个工作工具，可以为教师提供与以下三个领域相关的规划思路：

2014年1月，和家长们一起举行班会，共同参与工作坊

2014年4月，驻校艺术教师、教师和教育学者讨论解释性摘要和页面布局初稿

1. 概念领域，即研究相关的文化与理论基础；
2. 调查研究及深入分析的对象和主题；
3. 研究视角，即我们选择的，用来观察、记录和解释的视野。

让婴幼园和幼儿园的项目与发展可视化的选择，在项目开始时就与教师们分享过了。这一选择在展览和第九版的《瑞吉欧叙事》（Reggionarra，下文将进一步描述）中变得更加具体。虽然方法和形式不同，这些背景代表了一种非凡的、富有创造力的机会，在过程中建构项目路径，不断地反思成人的角色、儿童和成人倾听的敏感性，并将记录文档作为使学习看得见的策略之一。

构思和创设一个与专业发展道路相关的展览是我们的共同战略。这一战略逐渐被激活的相关过程很重要。它涉及以下内容。

·持续性地构建项目假设：从一个共同的大纲到项目中的每一个婴幼园和幼儿园所采用的路径。

教师在规划项目工作时，关注的是知识的社会建构过程。尤其是这些过程具有元认知的本质，即涉及对你正在做的事情进行反思的思维形式。

2014年4月，展览筹备期间的策展人和平面设计师

·创造一种严谨、但不僵化的分析环境的可能性：不是实验室研究，而是一种在儿童和成人能有时间思考、尝试、探索、创造、理解和构建意义的敏感环境中的生态式观察。

·教师对解释的综合思考并不是在项目最后才开始，而是随着项目的进展不断进行的：在设计思维中，过程中的探究意味着一种调整理念、方案、语境创建和工作假设的可能性。

这是一个思想极其丰饶的情境，教师、驻校艺术教师和教育学者们聚集到一起，试图理解当他们与孩子们一起工作时到底发生了什么，并赋予这些经验以意义。

·小组会议，以确定和聚焦可能的"重启"：经验的发展引出对新境况的反思，以促进儿童和成人的学习。

·建立一个概念和视觉上的假设，赋予展览生命。去构思和分享一个传播理念的展览，这是一种有趣、复杂，且令人兴奋的尝试。

从概念和视觉上的内容过渡到展览的实际准备，意味着以一种有我们自己的语法、代码和特定约束的交流方式重新解释材料，及其最初的可能性。

这是一个引人入胜的挑战，此外，"不断进行尝试的复杂性从未令孩子（或成人）对这项工作望而生畏止步不前；事实上，挑战越大，孩子们（以及成人）越能在严肃专注的时段和有趣的思维碰撞时刻之间增强自身的韧性"。（洛里斯·马拉古奇）

{ 诠释与分析

讲述图画：意大利瑞吉欧戏剧节——安东尼娅·蒙蒂塞利

5月的一个周末，瑞吉欧·艾米利亚变成了一座充满故事的城市。在这里，专业的故事讲述者、戏剧公司，以及自愿成为故事讲述者的家长们，让这座城市的许多地方变得生机勃勃，让这座城市成了专注于倾听的叙事空间。

"瑞吉欧戏剧节"是一个文化项目，由婴幼园、幼儿园和瑞吉欧儿童中心，与城市中不同的公共组织、私人组织于2006年合作发起。婴幼园与幼儿园的孩子与家长参与其组织的年度活动，观众既有当地人，也有来自其他各地的人。

瑞吉欧戏剧节源于这样一种信念，即每个人都有讲故事的天赋，能够

2014年5月10日，《萤火虫和龙》的故事，洛里斯·马拉古奇国际中心，瑞吉欧·艾米利亚

把每天发生的任何一件小事转化为独特的生活经验。对于人类来说，从年幼时开始，讲故事就是他们的一种学习的方式，一种处理经验的方式，一种赋予和分享意义的方式，一种在事物和事件之间建立联系的方式，一种参与人类集体想象的方式。这种属于人类的叙事思维，当它可以使用不同的语言和技术时，能够更好、更广泛地显现、表达和交流。

在此框架内，我们开发了一些项目，其中员工发展项目和家长参与项目与学校教育项目相互交织。正如展览中所见到的，每一幅画都蕴含着叙事的潜力，随时可以被捕捉和表达。

随后，莫妮卡·莫里尼与詹尼·罗大里戏剧工作室合作，为婴幼园和幼儿园的

2014年5月10日，家长讲述《长颈鹿的故事》，圣·多梅尼科修道院，瑞吉欧·艾米利亚

家长们组织了名为"话语的循环"故事讲述工作坊，这是一个为试图把孩子和成人的故事交织在一起的参与者们所设计的专门培训课程。

在婴幼园和幼儿园，孩子们开展了"图像—叙述"活动，家长们成为这些探索的解读者，用孩子们自己的故事和想象将这些探索变成故事。

家长讲述的故事突出了孩子们对图形的叙述，激发并转变着集体想象。在这种观点下，瑞吉欧戏剧节成了讲故事的艺术与广泛参与之间愉快融合的环境，旨在建立不同文化和代际之间的社会凝聚力，并给人以丰富的文化涵养。